明　见

见前所未见

五色
时间管理

这是一本让你对时间利用偏执到发狂的书

晓一◎著

SPM 南方传媒　广东人民出版社
·广州·

目 录

1   * 前言：用五色时间管理法，做五彩人生的主人！

3   * 本书使用说明

第一章 —— 正确认识时间

1   一、记录时间，让时间可见

       （一）为什么要记录时间？

       （二）如何记录时间？

5   二、五色时间，让时间缤纷

       （一）什么是五色时间？

       （二）用五色时间统计法记录时间

9   三、计算时间，把时间当钱

       （一）为什么要将时间当钱？

18   （二）如何计算时间价值？

21 **四、五色时间管理法锦囊妙计**

（一）时间管理要避开的 5 个误区

（二）成为一个自律者，只要做到这 5 点

（三）获得真正休息要避开这 3 个误区

（四）如何修炼自己的"超强大脑"？

34 **五、本章小结**

37 **第二章——理性规划时间**

41 **一、目标管理，保证方向正确**

（一）设定五色目标

（二）确认核心目标

（三）让目标可视化

49 **二、分析时间，杜绝时间浪费**

52 **三、统筹安排，创造更多时间**

（一）利用碎片时间

（二）GTD 法

（三）增加"带宽"

65 **四、五色时间管理法锦囊妙计**

(一) 在繁忙中保证运动的 3 个方法

(二) 3 个方法让你变成行动的巨人

(三) 改进时间安排的 12 个方法

(四) 高效记笔记的 3 种笔记法

(五) 保证早睡早起的 10 条法则

80 **五、本章小结**

83 **第三章——高效利用时间**

87 **一、加法原则：聚焦要事，增"加"效能**

(一) SMART 目标法

(二) 四象限法则

(三) 三只青蛙法则

(四) 五色时间管理法实战

124 **二、减法原则：充分授权，"减"少任务**

(一) 花钱买时间

(二) 委派他人

(三) 借助外力

(四) 五色时间管理法实战

132 三、乘法原则：培养习惯，"乘"数效应

（一）好习惯与坏习惯

（二）养成五色微习惯

（三）用自律打败拖延

（四）五色时间管理法实战

161 四、除法原则：高度专注，排"除"干扰

（一）精力管理

（二）番茄工作法

（三）创造心流

（四）五色时间管理法实战

188 五、五色时间管理法锦囊妙计

（一）保证提升阅读量的 6 条建议

（二）时间管理的 3 大法宝，让你越来越成功

（三）做高效能人士的 3 个方法

（四）提升记忆力的 5 个方法

（五）如何避开"多线程工作"？

203 六、本章小结

205 *写在最后：要幸福，这样花时间

211 *延伸阅读

用五色时间管理法，
做五彩人生的主人！

我是一个普普通通的二孩妈妈，过着朝九晚五的生活，也渴望五光十色的精彩。因为，尼采说过："每一个不曾起舞的日子，都是对生命的辜负。"

作为数字出版业的一员，2021 年，我带领团队实现了业绩大幅增长，荣获了多个行业奖项，还完成了 10 个小目标：吃了 100 家新店；看了 100 场电影；运动了 10000 分钟以上；见了 100 个不重复的朋友；养成了 12 个五色微习惯；看了 200 多本书并写书评；平均每天睡眠 6 个半小时；减重 6 斤；陪两个孩子的时间平均每天超过 3 小时；记录了超过 400 个五星级小确幸。

学习、事业、生活、意义和爱，也许每一样都不太突出，但作为普通人，能做到均衡已属不易。况且，人生这个桶，能装多少幸福的水，取决于五块板里最短的那一块。

薛兆丰教授说：人生的四大约束是东西不够、时间有限、互相依赖、需要协调。

我用了十年的实践，总结出五色时间管理法，致力于优化"时间有限"这一约束，并且联动改进其他三个方面。因为时间是生而为人的唯一公平。

生命由时间构成，当你拿出宝贵的时间阅读这本书时，感激你。希望这本书可以为你未来的时间增值，不辜负你阅读的时间成本。

如果你希望平淡的生活多一些精彩，这本书适合你。它是一本欢乐的书。

如果你希望焦虑的生活多一些从容，这本书适合你。它是一本均衡的书。

如果你信奉的是格鲁夫的"只有偏执狂才能生存"，这本书适合你。它是一本对时间利用狂热到偏执的书。

最后，如果你认为自己的毅力不足，这本书更适合你。十年的实践里，我放弃了太多需要毅力的大招，养成了很多微习惯，收获了无数的小确幸。是不是已经有一点小好奇、一点小激动了？让我们一起走进五色的世界：蓝色学习、红色事业、绿色生活、白色意义和黄色爱。

用五色时间管理法，做五彩人生的主人！请相信，未来的你会感谢现在开始的自己！

本书使用说明

　　国内外很多专家认为，人的幸福取决于五个方面：学习（Learn）、终生事业（Lifework）、生活（Life）、意义（Legend）和爱（Love）。任何一方面的缺失都是不行的。这五个方面的首字母都是L，所以可以简称5L原则。

　　面对时间，人人平等，五色时间管理法主张像配置资产一样投资每一分钟，以5L原则为指导，通过五色习惯的培养，优化时间在蓝色学习、红色事业、绿色生活、白色意义和黄色爱五个方面的分配。

　　五色习惯基于时间管理，但不限于时间管理。它能帮助你有的放矢地利用时间，将内外相连，挖掘自己的能量，感受生命的丰盛，在缤纷的每一天中体会对时间的掌控。

　　本书由三大章构成，终极目标是用五色时间管理法在生活中轻松永久地建立起健康的五色微习惯。

时间管理有五级阶梯，第一级阶梯：意识到时间宝贵，感觉时间不够用；第二级阶梯：主动进行规划，掌控生命的主动权；第三级阶梯：磨刀不误砍柴工，学习时间管理方法；第四级阶梯：积极行动，战胜拖延，落实规划；第五级阶梯：养成微习惯，让坚持变成容易的事。

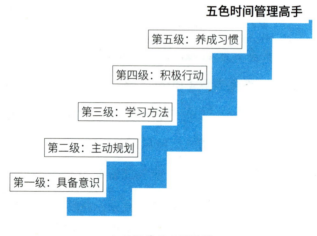

五色时间管理高手

第五级：养成习惯

第四级：积极行动

第三级：学习方法

第二级：主动规划

第一级：具备意识

▲ 时间管理五级阶梯

时间管理五级阶梯可归纳为三个部分：正确认识时间；理性规划时间；高效利用时间。具体到五色时间管理法中是三个要点：

第一，将时间当作钱，让时间看得见，每天我们都拥有1440时间元，多投资，少浪费，你觉得花得值的时间都属于投资。

第二，投资到五色，在蓝色学习、红色事业、绿色生活、白色意义和黄色爱方面的时间花费属于投资，五色之外的时间，归为潜能色，可以转换为五色。

第三，用好"加减乘除"，天天"25"小时。具体包括：要事"加"效，授权"减"事，"乘"数效应，排"除"干扰。

感受到时间，才能更好地与时间相处。第一章，我们一起正确认识时间，这是第一级阶梯。具体的路径包括：记录时间，让时间可见；五色时间，让时间缤纷；计算时间，把时间当钱。

意识到时间属于自己，才能更理性地进行时间规划。第二章，我们一起理性规划时间，这是第二级阶梯。具体的步骤包括：目标管理，保证方向正确；分析时间，杜绝时间浪费；统筹安排，创造更多时间。

高效利用时间，才能成为一个幸福的人。第三章，我们一起高效利用时间，这是第三、四、五这三级阶梯的归总，也是将理论和实践融合，概括为：加减乘除四原则，具体通过 12 个法则做到知行合一。

本书提供了 3 个五色时间管理法小故事、13 个五色时间管理实战、14 个五色时间管理法锦囊和 26 个五色时间管理法思维导图，在附录部分有 11 个时间管理常见理论、5 个时间管理常用 APP、时间管理书单及五色书单。将书中方法付诸实践，你将活得五色、平衡而自由。

　　单单拥有时间，并不会幸福。好的时间管理是按照自己喜欢的方式去塑造生活。用五色时间管理法，做五彩人生的主人！让我们一起投资五色时间，通往时间自由之路！

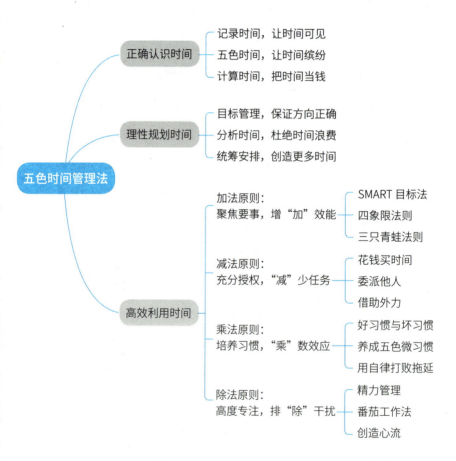

▲ 五色时间管理法思维导图1：五色时间管理法

第 一 章

正 确 认 识 时 间

只有对时间的流逝保持高度敏感,你才能成为一个有效的时间管理者。

——— 吉姆·兰德尔

Stories 五色时间管理法小故事

"现代管理学之父"彼得·德鲁克在《卓有成效的管理者》中提到了这样一个小故事：某公司的董事长十分肯定地说自己的时间大致分成三个部分：1/3 用于与公司高级管理人员研讨业务；1/3 用于接待重要客户；其余 1/3 则用于参加各种社会活动。但是，在实际记录了六个星期之后，跟他原来的估计比较，发现在上述三个方面，他几乎没花什么时间。这份时间记录是他秘书记下来的，当秘书把记录送给他看时，他简直一点儿都不能相信。后来他的秘书又做了几次记录，他才相信自己的估计靠不住，开始相信那份记录的真实性。这个故事告诉我们，人对时间的感觉是最不可靠的，记录比感觉更可靠。

我自己的小故事则是在 10 年前，我一直都觉得父母很重要，亲情很重要，但当我记录下来自己的时间花销时，才发现自己花在父母身上的时间实在是少得可怜，所以我开始有意识地将花给父母的时间纳入日程：给父母收集和发送段子、给父母打电话、为父母选购礼物、为父母做事和给父母准备惊喜等，并将其归为黄色爱的时间。

循着对时间流逝的高度敏感，我的昵称从"小猪"变成了"晓一"。我在 2019 年吃了 100 次火锅，2020 年吃了 100 次烧烤，2021 年跟不重复的朋友吃了 100 次饭，并且没有长胖；我从跑不了 800 米进步成一个年跑量 1000 公里+、可以跑半程马拉松的人；作为两个孩子的妈妈，我从每天焦头烂额、疲于奔命变得游刃有余、从容自如；我从每年读不到 50 本书成长为每年读超过 200 本书，并且输出书评；我从总是睡不够的"渴睡者"变成平均每天睡 7 小时左右且精力充沛的活力人。

时间管理是运用策略和技术，帮助你尽可能有效地利用你的时间。你的时间用在哪里了？你的时间是否可以为自己的目标赋能？你对自己的时间分配满意吗？

意识是进行时间管理的先决条件，只有对时间的流逝保持高度敏感，才能成为一个有效的时间管理者。

1

记录时间，让时间可见

（一）为什么要记录时间？

你记得昨天做了什么吗？你记得上周的同一天做了什么吗？你记得去年的同一天做了什么吗？"好记性不如烂笔头"，如果你有一个记录，便可以对过去发生的事一目了然。

生命由时间构成，时间是我们最宝贵的资产。时间的供给没有半点弹性，也是最稀有的资源。每个人每天平等地拥有 24 个小时，目前在世的最长寿的人不超过 150 岁。人和人的不同，取决于分配和使用时间的不同。时间无声无息、无形无味，没有任何器官可以帮助我们感知，应如何进行有效的管理呢？

德鲁克认为，人要做到卓有成效，富有生产力，第一步是认清楚自己的时间用在了什么地方，而不是优先计划时间。只有知道时间花在了什么地方，是如何花掉的，才能持续优化自己的时间。

关于时间的使用情况，德鲁克认为记录比记忆可靠得多。记录时间是一个神奇的即时反馈系统，让时间看得见。记录时间也是一个简洁有效和低成本实现的系统，用纸和笔就够了。

《旧唐书·魏徵传》中，唐太宗李世民说："夫以铜为镜，可以正衣冠，以史为镜，可以知兴替，以人为镜，可以明得失。"那么以时间为镜，可以帮助你了解时间准确的去向，为你提供一面即时反省的明镜。

（二）如何记录时间？

现在你已经知道，关于时间的使用情况，记录要比记忆可靠得多。那么如何更好地记录时间呢？时间记录有哪些原则？有什么方法？可以借助什么工具呢？

1. 时间记录的原则

首先，将一天的 24 个小时分为 48 块，因为成人的注意力一般是 30 分钟左右。

其次，在处理某个事的"当时"立即记录，因为记忆是不准确的。

最后，按照周为一个时间段进行观察。每周 5 天工作日，2 天休息日，有利于做到工作与生活的平衡，正如《易经》中说："反复其道，七日来复。"

2. 时间记录的方法

我一直在做时间记录。每天结束时将当天的时间简单复盘，看看自己如何使用每一个 30 分钟。每周一对上一个整周的时间进行复盘，看看有哪些重要的事情花的时间不够多，有哪些时间是浪费掉了，下面这些方法可以帮助你把这一步做得更好：

第一，明确当周 / 天要完成的重要任务，将其列入计划，一开始建议控制在 3 件之内；

第二，预测每项任务完成需要的时间；

第三，每完成一项任务就记录其花费的时间；

第四，其他不在计划里面的事情所花费的时间也要记录；

第五，一天 / 周结束时，及时复盘。

3. 时间记录的工具

一是借助手机应用记录时间。现在有很多手机应用可以用来记录时间，我使用过 Forest 记录番茄钟时间、自定义版的 aTimeLogger 记录事件时间、时间块和块时间等工具记录事件色彩等；另外，我还用过记录手机时间的很多应用，包括"屏幕使用时间"或手机自带的"健康使用手机"，它们会自动记录手机使用时长、软件使用情况以及碎片程度。

二是借助非手机工具记录时间。我先后用过纸笔、excel 表格和各类日记本，主要是用来记录每半小时的时间花销情况。

手机因为随身携带，所以使用很方便，但非手机工具干扰更少，所以我一般是将二者相结合。时间之船飞驰而过，好在，你可以成为这艘飞船的舵手。只要对你是最方便的就是对你最有效的。尝试，选择，坚持。

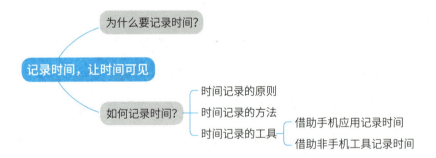

▲ 五色时间管理法思维导图 2：记录时间，让时间可见

2 五色时间，让时间缤纷

记录时间说着容易，做着不易，我们很容易就会放弃。做什么事情能让这件小事坚持得长久呢 —— 有意思的事情。将时间赋予不同的颜色和意义，可以让时间记录更有乐趣。

（一）什么是五色时间？

蓝色时间元。蓝色对应的是水，代表学习（Learn）。蓝色是海洋的颜色，海洋不拒细流方能成其大，我们要培养兼容并包的精神，不断学习、提升，不断成长。心怀"谦"，用蓝色时间元提升"智"。

红色时间元。红色对应的是火，代表终生事业（Lifework）。红色是火焰的颜色，干一行爱一行，将自己的热情倾注于如火的事业中。只有你喜欢的工作你才能干得优秀。心怀

"勤"，用红色时间元提升"劳"。

绿色时间元。绿色对应的是木，代表生活（Life）。绿色是树木的颜色，休字就是一个人靠在木旁，要拥有良好的身心健康，需要投入时间，比如进行运动、休息和培养兴趣爱好。心怀"趣"，用绿色时间元提升"体"。

白色时间元。白色对应的是金，代表意义（Legend）。白色是白金的颜色，明确自己的定位，知道自己想要什么，对自己的时间、人生都心里有数。思考与内省，让你与别人不一样。心怀"清"，用白色时间元提升"德"。

黄色时间元。黄色对应的是土，代表爱（Love）。黄色是大地的颜色，我们作为一个社会人，是广袤大地的一部分，需与其他人发生联系。良好的人际关系将带来极大的幸福感。心怀"情"，用黄色时间元提升"美"。

五色时间，五彩人生，当我们用心学习，好好工作，好好生活，明确意义和真正的爱的时候，幸福就在手边。提升五商，做德智体美劳全面发展的人。

让时间缤纷平衡，有三个层次：

第一个层次：让自己的生活有五色，只要有五色的时间，就记录下来，让生活有色彩。比如，以学习 1 个小时的蓝色时间元为例，占一天 24 个小时的 4% 比重。

　　第二个层次：让自己的生活五色化，即让每天都有五色，各种颜色都要进行记录。比如，以学习 1 个小时、投入工作 1 个小时、运动 1 个小时、计划总结 1 个小时和替人做事 1 个小时为例，合计占一天 24 个小时的 20% 比重。

　　第三个层次：让自己的生活平衡化，即让"蓝色 + 绿色"等于"红色 + 黄色"，白色做调剂。我们可以根据自己的实际情况调整比例，只要保证等式两边相同即可。

　　一开始只需要 24 小时里有色彩即可，每个人每一天都有很多色彩，你只需要将它们辨认出来；接着是通过有意识的策划和生活，让每天都能有五色，每种颜色都有，每天都能学到点东西，做出点东西，享受下生活，有一点自己的心得，有一点爱的传递；最后再调整不同色彩的比重，达到自己的平衡，即蓝色 + 绿色 = 红色 + 黄色，这个时候你的幸福度会达到峰值。

　　我们对时间的感觉取决于我们在做什么。当你在做自己喜欢做的事情，比如看喜欢的综艺或者打喜欢的游戏时，你会感觉时间过得很快。当你上班快迟到了，电梯口的等待尤其漫长。意识到自己对时间的感觉，可以使你更了解自己。一个人对时间的感觉，是其了解自己真正激情所在的一个窗口。

　　时间是一种能量，若把人看作一个能量体，蓝色学习是以输入能量为主，需要集中精力来成长；绿色生活是以输入能量为主，需要活在当下乐享此刻；红色事业是以输出能量为主，需要集中精力为社会创造价值；黄色爱是以输出能量为主，需要投入身心为周围的人创造价值；白色内省是更好地输入和输出的消化中转。如果我们能把时间开销做到能量的输入和输出大致平衡的时候，那么整个人的幸福感是最高的。

（二）用五色时间统计法记录时间

如何更有趣地进行记录？如何更容易地坚持记录？我选择用五色时间统计法：将时间看作钱，投资于蓝色学习、红色事业、绿色生活、白色意义和黄色爱五个方面，再到后来使用多种工具加以辅助，如此，我活得越来越有底气，越来越自主，越来越缤纷。

我遵循对时间流向五色的客观记录，一点点地感受自己做各种事情需要花费的时间以及各种时间投资带来的愉悦，在此基础上提出了致力于充实而平衡的五色时间管理法，核心是"五色时间统计法"。

1. 什么是"五色时间统计法"？

五色时间统计法是把每天的 1440 分钟看作是 1440 时间

元，用记账的方式去统计时间的去向。五色时间统计并非要记录所有时间的开支，而是只记录让自己幸福的时间用度，也就是那些给自己生活增加了色彩的时间开销。能否入账完全是主观的，我们对时间的感觉取决于我们在做什么，这就是说只要你自我感觉良好就行。

国内外很多专家认为，人的幸福取决于五个方面：学习（Learn）、终生事业（Lifework）、生活（Life）、意义（Legend）和爱（Love）。任何一方面的缺失都是不行的。如果我们拥有持续的成长、满意的工作、健康的身心、明确的意义和良好的人际关系，就会觉得生活美好，人生可期。而这五个方面，我将其与颜色对应，即蓝色学习（Learn）、红色事业（Lifework）、绿色生活（Life）、白色意义（Legend）和黄色爱（Love）。

如果把人看作一个能量体，平衡是最理想的状态，其中红色事业和黄色爱是以能量输出为主的，一个是创造社会价值，一个是创造情感价值；蓝色学习和绿色生活是以能量输入为主的，一个是享受知识的盛宴，一个是享受悦己的美好；白色意义，是能量的中转，活得清晰，独立思考，可以助你更好地输入和输出。

生活需要仪式感，给自己的时间一点色彩，当能量的输入和输出所花的时间大致相同时，我们的幸福感便是最强的。

没有记录就没有发生，以幸福为维度，能够带给你幸福感的可以纳入五色时间，让你觉得不够幸福的可以纳入潜能色，潜能色意味着这些色彩的时间是具有转化为幸福时间潜力的。对应到金钱的用度上分别是：投资和浪费。划分的标准很主观，如果回想自己对这个时间的使用，觉得值得、划算，就是投资；如果觉得浪费了时间，觉得不值得、不划算，就是浪费。

2. 为什么要使用"五色时间统计法"？

"五色时间统计法"是众多时间管理方法中的一种。之所以让我实践了 10 年多时间，是因为它有三个明显的优点：

综合。集各种时间管理方法的精髓于一体，比如，四象限法、要事第一和 GTD 等。我们通过把每一天让自己幸福的事情相加，也许会发现有些时间莫名其妙地消失了，而这些消失的时间就是我们可以优化的潜能时间。如果把这些时间好好汇总，我们就会发现，很多时候并不是时间不够用，而是原来自己还有那么多时间资源可以进一步地有效地配置和充分地利用。

　　直观。让我对自己做事的时间成本有非常直观的认识。因为记录下了每件事情的时间成本，我会开始留意每件事情的起始时间点，以及在行进过程中分分秒秒流逝的时间。例如：通勤需要的时间、常规工作需要的时间、看1000字需要的时间等。通过对时间的记录，我能越来越好地了解自己。感知时间是一种能力，这种能力可以培养。

　　有趣。用涂色的方式来标注时间的流逝，有趣且容易坚持，跳跃的色彩给人更多的鼓励。生命本没有色彩，都靠我们自己去上色。

　　五彩人生，其实由自己去规划，每一个人都可以做自己人生的导演。五色对应五行，唯有五色俱全并且分配平衡，整个人生才能最富有光泽并且饱有弹性。

3. 如何使用"五色时间统计法"？

　　记录时间。我目前采用的时间统计APP是安卓版的"块时间"，在原有APP基础上按照五色时间元（蓝色学习、红色事业、绿色生活、白色意义和黄色爱）进行了调整，总共分为蓝色、红色、黄色、绿色、白色和潜能色六大颜色，每种颜色下面再跟据自己的情况分小类。之前也用过手写、excel表格以及其他众多应用。我以半小时作为一个刻度，记录完成事情的情况。在最开始的时候，我每半小时即时记录，现在是每半天一次，偶尔会晚上再集中回忆并补记。

分析时间。记录时间花销是第一步，下一步还需要分析时间的流向。我们通过更好地了解自己如何花费时间，有机会找到可以利用的时间，可能还会发现某些地方可以做调整，可以是保留，可以是增加，可以是减少，可以是去掉。一般潜能色时间会被记录入当天的日记，比如，有一次我熬夜导致第二天工作状态不好，我将状态不好的时间记录为潜能时间，并提醒自己以后要早睡。而五色的平衡，即绿色时间＋蓝色时间的比重，与黄色时间＋红色时间的比重，需要按周看。

反馈调整。无论是记录时间，还是分析时间，都是为了排除不重要的活动与浪费时间的因素，进而腾出时间从事更重要、更有贡献的事情，以让自己总是将时间投资于自己喜欢的事情上，让生活更有色彩。所以要根据分析的结果，进行反馈。我一般是每天快速浏览一下，主要看计划中的大事是否匹配了充足的时间；另外每周我会安排时间米进行一周的快速时间复盘；每月会安排比较长的时间，来进行当月的时间复盘。

时间是最宝贵的资源，如果我们不能管理时间，便什么都不能管理，这句话是德鲁克说的。他还说过一句话：认识你自己，也许很难，但是认识你的时间却是任何人只要肯做就能做到的。

相信我，记录时间可以让你每天都活力四射地去创造价值，活出精彩！

在五色之外，我们还不够满意的时间需要如何记录呢？你可以将它们纳入潜能色，具备可以转化成有色彩的时间的潜能。潜能色时间一般是我们认为自己在不必要事情上浪费的时间，没有人可以浪费你的时间，除非你自己许可。

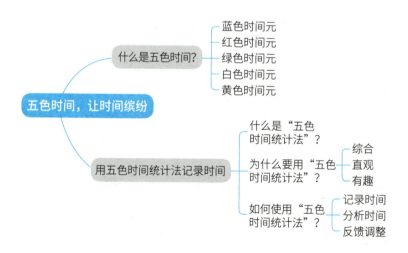

▲ 五色时间管理法思维导图 3：五色时间，让时间缤纷

3 计算时间，把时间当钱

（一）为什么要将时间当钱？

为什么我们要以价值为标准来计算时间？因为比起单纯按照分钟为单位记录时间，或者按照色彩半小时记录时间，价值计算标准可以让我们透过金钱这个介质，对自己的时间有更加直接的认识。

通过计算时间价值，你可以更好地将时间当作一种宝贵的资产，进而更好地将其用于投资。去计算自己每一分钟的生产价值，你会对自己的时间更加敏感，具体计算方式是用税前年总收入／你年花费的红色时间。假如你的税前年度总收入是12万，你一年（有效）的工作时间是1200个小时，那么你一个小时的价值是100元。

（二）如何计算时间价值？

时间货币化，可以增强其可视感，增加你对时间的紧迫感。当你做一件事情的时候，你不妨对照看看自己除了花了实际的钱之外，还花了多少时间元。如果你去见一个朋友，吃饭 2 个小时，来回路上 2 个小时，除了吃饭花的钱，你实际还花了 400 个时间元。如果你刷 2 个小时的短视频，那么你除了流量费，还花了 200 个时间元。如果你看 1 个小时的书，那么除了买书的花费，还花了 100 时间元。

你可以看看自己花费的时间是否是自己愿意花同样多的钱购买的，如果是，那么就可以计算为投资，如果不是那么就是浪费。这个价值可以是金钱价值，也可以是心理价值，比如，与亲人、爱人和朋友在一起的时间花费就是无价的。

我从 2018 年开始用 APP 来统计时间的分配情况：2019年工作 2603 个小时，平均每天工作 7.13 个小时；2020 年工作 2391.5 个小时，平均每天工作 6.5 个小时；2021 年工作 2364.5 个小时，平均每天工作 6.48 个小时。我每小时的价值在工作时间逐年下降的基础上，持续提升。我会每年复盘自己的时间价值，并致力于持续提升自己的时间价值。同时我也会在与人交往的过程中，以时间价值为维度，警醒自己不要浪费别人的时间和生命。

▲ 五色时间管理法思维导图 4：计算时间，把时间当钱

4 五色时间管理法锦囊妙计

（一）时间管理要避开的 5 个误区

误区一：时间管理的目的是为了在短时间之内做更多的事，提高工作效率。

真相：时间管理的目的是让你对时间有掌控感，以自己喜欢的方式好好享受生活，达到个人以及周围的人生活、工作、求知等各个方面的动态平衡。让自己受益和愉快，也能给予别人能量和快乐。

误区二：一定要找个完美的工具才可以开始。

真相：工具永远不会帮助你实现时间的有效规划，君不见多少时间管理 APP 下载了从来没有被打开过，即便付费了也很少被使用。重要的是行动与改变，而工具只是辅助。另外，不同的人适合不同的工具，偏理性的人适合采取 GTD

方法，偏感性的人适合要事优先，每天做三件事就好。

误区三：时间管理就是把人变成机器人，非常无趣，我不想变成那种人。

真相：把你变成机器人的是你自己，而不是时间管理。事实上，掌握合适的时间管理方法，可以让你在时间的洪流中游刃有余，活得生机勃勃、和谐协调。善于管理时间的人，时间总是够用的，尤其是做自己喜欢的事情时时间总是很多的。

误区四：GTD 就是时间管理。

真相：GTD 是 Getting Things Done 的缩写，它是很好的时间管理方法，但并不是全部，还有很多其他理论可以了解和使用，比如四象限法则、三只青蛙法、精力管理、习惯养成、番茄工作法等。在不同的场景中，我们可以用不同的时间管理法。

误区五：做时间管理就得早起。

真相：有的人早晨精力充沛，有的人天生夜猫子；有的人上午充满干劲，有的人下午才开始兴奋。每个人都有自己的生物钟，只要时间和精力匹配得好，都可以以充沛的精力将工作和生活平衡得很好。你一定要在精力最充沛的时候做最重要的事，这样才能保证在该高效的时候高效，该放松的时候放松，游刃有余。虽然我是 5 点起床，但并不建议你也一定要这样做。但是我想说我在 10 多年前其实也是个夜猫子，如果你想早起，是可以培养的。

死亡给予我们一个期限，从而让我们不断地优化时间，在有限的时间里做更有意义的事情，活出生活的乐趣。

（二）成为一个自律者，只要做到这 5 点

1994 年 10 月 10 日，巴菲特在内布拉斯加大学的演讲中说："复利有点像从山上往下滚雪球。最开始时雪球很小，但是往下滚的时间足够长（从我买入第一只股票至今，我的山坡有 53 年这么长），而且雪球黏得适当紧，最后雪球会很大很大。"如果说这世上有什么亘古不变的道理，其中之一是不要相信速成。

如何让自己成为一个自律者？下面五点希望对你有帮助：

第一，改变言语，正向激励。你说什么，你就会是什么样的人。以早起为例，如果你说再睡一会儿，那就会睡过头，但你如果想着美好的一天在召唤，就更容易起床。

第二，匀速坚持，持续坚持。当你开始做某件事情，持续的投入非常重要。你可以建立一个小小的系统，让每天的坚持变得有趣一些，简单一些。例如，我每天都至少读一小

时书，我是怎么做到的呢？出门的时候手上一般拿着可以读的书，如果远就带实体书，如果近就看手机。家里和办公室也会放着另外的书，早上晚上都会读一会儿。其实是建立一个小系统，将读书的阻力降到最低，随时想读就读，每读完一本书，就做个标记，或者在社群里面打卡，定期奖励自己。

第三，寻找榜样，汲取能量。刚刚讲的都是内在的力量，我们也要从外在寻找自律能量的来源。不管你想培养怎样的习惯，你都要找到成功的样本以及身边的案例，并切实去学习。和什么样的人在一起，你就会成为什么样的人。

第四，拒绝诱惑，远离干扰。在自律的世界里，没有"兼得"这个词，你选择了好习惯，你就要覆盖掉对应的坏习惯。如果你对此抱怨连连，你就是好习惯的"敌人BOSS"。

第五，再接再厉，离开舒适区。当你坚持了一段时间，你会取得一些小成就，这个时候很多人就开始自满了。所以你需要让自己始终保持在学习区，而非舒适区。

任何巨大的改变都不太可能在短期内出现，生活中大多数的改变都是润物细无声的，经验的增长、人脉的积累、技能的提升其实都无法速成，只能慢慢累积。一个人只要有心，愿意花时间坚持，伴随时间累积的力量，很多改变都会水到渠成。

以我自己为例，目前坚持着如下习惯：连续 12 年，坚持 5 点起床；连续近 10 年，坚持记日记；连续 6 年，坚持每年读 200 多本书；连续 6 年，坚持进行每月养成 1 个微习惯；连续 5 年，坚持每年运动 10000 分钟以上。

一个小小的行为重复以后会成为习惯，一个长久的习惯会影响人格，不同的人格就塑造出不同的命运。我身边有很多日日坚持，形成习惯，并由这些好习惯的养成派生出更多收获的朋友。

（三）获得真正休息要避开这 3 个误区

工作的时候天天盼假期，假期结束后大部分人会认为，休假比上班还累！在我们每年的节假日中，其实 80% 的人不知道如何科学休息，这导致越休息越累，不仅是长假期这样，周末都是如此。其实我们每年的假期并不少，不算年假、事假等，2021 年的周末加统一休息的天数是 125 天，超过了一年中三分之一的时间，但你是否真正用好了这些时间，得到充足休息了呢?

有句话特别扎心：谁最需要休息? 是那些刚休完假的人。关于平日工作繁忙的脑力工作者如何开展假期的科学休息，我集合了 3 种最常见的误区和真相，对症下药，附赠三个亲测有效的"锦囊妙计"。

误区一：睡懒觉。工作日的起床总是很艰难，闹钟按了又按，一边困得要死，一边又焦虑迟到。好不容易放假了，谁都拦不住你，一定要随心所欲地睡到天荒地老。放假不睡到十一二点，那都是亏本！

真相：补觉对脑力劳动者没什么用。疲劳分两种：体力疲劳和精神疲劳。前者是由于大量消耗体力后，体内产生了很多酸性物质，这可以通过补觉、小憩补充能量、缓解劳累。但是当脑力劳动者感到疲劳，往往是因为大脑皮层极度兴奋，但身体却处于低兴奋状态。因此，改善这种状态要让大脑皮层松弛下来、身体兴奋起来，然而睡觉却无法起到这种作用。

如何做：不必停下来，只是换一下。既然睡觉不能帮助我们休息大脑，那什么办法才可以？答案是不停止活动，只是改变活动的内容。大脑皮质的一百多亿神经细胞，功能都不一样，它们以不同的方式排列组合成各不相同的联合功能区，这一区域活动，另一区域就休息。

真正的休息并不是停下来，而是换一种内容。如果你平日用脑比较多，不如换为用身体的工作方式。运动半小时，大汗淋漓不仅不会让你觉得累，还会让你觉得精力充沛。当然，对于天天加班确实缺觉的人，睡觉是管用的。

误区二：刷手机。你每天都花多少时间在手机上？你平日打开最多的应用除了微信，还有什么？刷手机和煲剧是不是你平时最常用的休息方法？《好奇心日报》做过数据统计："每人平均每天点击手机2617次，手机屏幕亮着的时间，累计是145分钟。""如果把使用率排前10%的人叫作重度手机依赖患者的话，这部分人群，平均每人每天点击手机5427次。"

上班时脑子不停地转，一旦逮着时间，就想掏出手机刷一刷来休息——不用脑子啊，看到八卦可以满足一下好奇，看到段子还能笑一笑，看一个短视频可以给人生一些不一样，多好！放假了更是无所顾忌地刷，看看资讯，刷刷抖音，追追剧，一刷几个小时过去了，再一刷几天过去了，爽！

真相：刷手机只会让你越来越累。你玩手机的频率，可能远远超乎你想象。对脑力劳动者来说，最珍贵的身体资源是注意力和意志力。长期脑力疲劳的人，真正需要休息的方式是那些能让意志力和注意力彻底回血的方式。然而刷手机追剧，依然在通过各种形式的输入，消耗你的认知、注意力、判断力，加重大脑皮层兴奋而身体萎靡的症状。

如何做：保持对手机使用的觉察。我们的意志力其实没有我们以为的那么强大，保持对手机使用的觉察，会让你更充分地利用好自己的时间。

首先，把手机放在视线之外，或不容易够着的地方。早晨睡醒之后第一件事就是拿起手机，晚上睡觉之前最后一件事还是玩手机。为了控制手机的使用时间，一定不要把手机放在随手就可以拿到的地方，除非你有足够强大的控制力。我一般会把手机盖住，这样会减少我碰它的机率。

其次，减少社交软件或者减少使用社交软件。为了方便与他人联系，我们的手机还会装有各种各样的社交软件，比如各种即时聊天工具、微博、豆瓣等。删掉一些不那么必要的软件，尽量做到手机简单。如果你的手机上只有为数不多的一个社交软件，但你还是会在上面花费好几个小时，那你不妨给自己设定专门看手机的时间或者专门不要看手机的时间。

最后，让手机使用的情况可视化。量化会给人最直观的感受。很多手机都有自动统计手机在什么地方花了多少时间的功能。你也可以下载专门的统计手机实用情况的软件。我从 2017 年开始用的是 24PI，感觉很有用。IOS 系统，可以试一下小容。我现在还能看到自己第一天使用手机的时间超过了 7 个小时，而现在我会尽量控制在 4 个小时左右。

误区三：打卡式旅行。假期，也许你会选择出行。不论在国内还是国外，你想去一个新地方、换个新环境，渴望借此发现生活里的美好，重燃内心对生活的激情。可你发现，除了马不停蹄地奔波在不同的景点之间，流连在不同的商店之间，当你一个人坐在陌生城市的河边、街头的咖啡店中时，强烈的疲惫感依然很熟悉 —— 这时，你掏出手机，在一个陌生的城市过着旧有的生活 —— 看看别人的假期过得如何。

真相：奔波不是旅行的意义。除了大脑皮层的高度紧张，精神疲惫的另一个根源在于我们对现有生活的厌倦。休息的根本目的在于重燃你对生活的热情，一切无法达成此目的的休息方式都是"耍流氓"。到一个地方旅行，真正能点燃你内心美好的，不是一处景，不是当地的风土人情，而是你在此情此景中的心境。奔波和快节奏让你还没来得及体会美好，就奔向下一处，虽然美其名曰"在陌生的城市旅行"，但你依然处在原本奔忙的生活模式中，厌倦情绪仍旧挥之不去。

如何做：多做主动娱乐。正确的休息应该达到这样的目的：让你摆脱疲劳，放松神经，并且重新精力充沛。什么是主动娱乐？就是需要你不停地动脑和耗体力的娱乐。这些是可以让你沉浸其中的娱乐方式。比如，看书；艺术创作——画画、唱歌、跳舞、玩乐器、设计产品；体育运动——有氧运动、无氧运动；写日记；和亲人爱人朋友做一次深入地沟通。

不会休息的人不会工作。用五色时间管理法，做五彩人生的主人！祝你获得真正的休息，在假期结束前，感到能量满满！

（四）如何修炼自己的"超强大脑"？

在当今信息爆炸的时代，各种信息扑面而来，我们的注意力总是被外界的各种消息所打断，时而看看各种推送信息，时而刷刷各种 APP，时而扒一扒网络八卦。我们感慨自己为何总是走神，于是研究各种方法提升专注力，结果总是差强人意，最后陷入各种焦虑之中，甚至怀疑自己的能力，担忧未来的风险。

1. 年龄越大就觉得时间过得越快？

随着年龄的增长，我们会感觉时间过得越来越快。威尔顿的最新研究认为，所谓"越老时间越快"的现象是否存在，本身就值得怀疑。不管你年龄多大，如果你现在很开心，或者全身心地投入在当前正在进行的事情中，那么你就会感觉时间过得很快；相反，如果你心情不好，或者感觉无聊，就会觉得时间过得很慢。

对于当下所感知的时间来说，情绪和注意力起到了关键的作用，年龄似乎不会造成任何影响。我们要给生活增添一点色彩，并不需要"伤筋动骨"，有时候只需要一点小小的改变，比如：看1页书，跑1公里，写1行字等。不要过分关注已经飞逝的过去，因为虽然我们感觉时光如白驹过隙，但其实它的速度并没有变化，我们要把注意力集中在此时此刻。

2. 如何集中注意力？

"心流"概念的缔造者米哈里·契克森米哈赖创作了一个模型。该模型的横坐标代表了我们的技能水平，纵坐标代表了所面临的挑战。"心流"的产生往往符合三大原则：目标清晰、即时反馈、挑战与技能匹配，而最重要的一点是挑战与技能的匹配。也就是说"心流"的产生是依赖于个人能力与这个事件挑战难度的匹配。工作生活中的最佳状态就是

"能力与挑战相匹配"——既不焦虑也不无聊，进入"心流"通道。

集中注意力的方法，我归纳为如下几点：

一是温度因素。只要我们的体温低于 37 摄氏度，就很难集中注意力。也就是说，按照这一标准，早晨起床后是最不适合集中精力的时间，而上午 10 点到 12 点、下午 3 点到 6 点则是最容易专注的时间段。不过有一种简便的方法可以改变这一规律，通过运动或洗热水澡来增加体温，你短时间内就会获得专注，而且能持续一段时间。

二是环境因素。创造集中注意力的外部工作环境，不被其他因素干扰；就内部环境而言，不要对抗走神，走神可以让大脑休息，以便以更加清醒的状态投入工作。

三是能量因素。你选择了合适的时间、合适的地点后，还需要自身准备好。我们不妨采用下面两个方法：

其一，平日进行正确冥想。冥想可以保持专注，这是大家都知道的。长期冥想者的大脑中后扣带皮层区域的活动相对较少，后扣带皮层作为默认模式网络的一部分，主要控制的就是分心与走神。对于初学者来说，哪怕只是经过八周的心灵冥想，大脑也会发生变化；

其二，可以考虑定期休息，每次休息几分钟就行了，不用太长，但一定是完全的分心。可以和番茄工作法配合使用。

3. 用五色时间元修炼自己的"超强大脑"

如何修炼自己的"超强大脑"？我按照五色时间元的分类，归纳为五个方面：选择学习某项技能，并不断精进，持续地增加技能水平；拥有能够挑战自我的工作，结合天赋和兴趣，发挥优势；坚持户外锻炼，练习冥想，享受能够挑战自我的爱好；不断了解自己的大脑，找到改善它的更多办法，比如增加记忆力；不妨接受时不时地走神，适度发散有利于专注，比如，专门放空大脑。

扫码下载"五色时间元"excel 表格

5 本章小结

这一章我们一起正确认识了时间，具体的路径包括：记录时间，让时间可见；五色时间，让时间缤纷；计算时间，把时间当钱。首先，通过记录时间，让时间的去向清晰可见；其次，我们用五色来涂抹自己的时间，让人生充满色彩；最后，将时间货币化，可以让我们很直观地感受到时间的价值。这三步可以帮助我们真正感知到时间，意识到时间的宝贵，为更理性地进行时间规划做好准备。

具体练习：

1.记录时间：以半小时为一个时段，客观记录自己一周的时间，看看自己的利用情况，了解自己在什么地方浪费时间。可以手写记录，可以用 excel 表格，也可以用块时间

（安卓系统）或时间块青春版（IOS 系统）。相信做完时间记录，你对如何优化利用时间有了更迫切的需求。

2.五色时间：按照五色时间统计法的五种颜色，进行时间块的涂色，可以是在纸上用五种颜色的笔来区分；可以是在 excel 表里用色块标注；可以是在相应的 APP 里面进行自定义设定。每一个五色模块中，你都可以根据自己的需要再进行细分。

有可能同一时间你会既在运动又在听书，那么究竟是统计为绿色还是蓝色呢？这个取决于你自己认为这个时间哪个给自己带来的愉悦感比重更大。你的色彩你决定！

3.计算时间：将自己的税前年收入 / 年度红色时间，如果你只统计了一周的，可以将一周的红色时间 / 7*365 或者366，做一个估算。如此可以得出你在这个阶段，每个小时用于生产的货币价值，然后写下来。

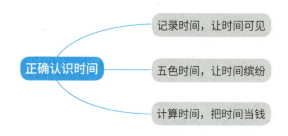

▲ 五色时间管理法思维导图 5：正确认识时间

Note:

Date_____

第 二 章

理 性 规 划 时 间

普通人只想到如何度过时间，有才能的人设法利用时间。

—————— 叔本华

五色时间管理法小故事

　　华罗庚的《统筹方法》里提到了这样一个故事：生活中经常需要沏茶。如果情况是：没有开水，开水壶、茶壶、茶杯都要洗，还需要准备茶叶，应该怎么安排？有下面三种办法：第一种办法是先做好准备工作，洗开水壶、茶壶、茶杯，拿茶叶。一切就绪后，灌水，烧水，等水开了泡茶喝。第二种办法是洗净开水壶后，灌水，烧水。等水开了之后，洗茶壶、茶杯，拿茶叶，泡茶喝。第三种办法是洗净开水壶后，灌水，烧水。利用等待水开的时候，洗茶壶、茶杯，拿茶叶，等水开了泡茶喝。

　　哪种办法节省时间？显然是最后一种办法。事实上，洗开水壶是烧开水的先决条件：没开水，没茶叶，不洗茶壶、茶杯，就不能泡茶，因而这些都是泡茶的先决条件。而烧开水，洗茶壶、茶杯，拿茶叶没有严格的先后关系。

而我身边看得到的对时间进行合理规划的人，当数我的妈妈。她洗衣服时，会先把洗衣机开动，然后准备做饭，在做饭的时候听音频节目，这样等饭做好了，也学习了，吃完饭还可以直接晾晒衣服。

凡事预则立，不预则废。越是能够将时间投入到有价值而且生产率高的事情上，就越容易通过短期劳动获得高额的回报。前面一章我们一起正确认识时间，这一部分我们从目标管理、分析时间和统筹安排三个方面来聊聊如何理性的规划时间，确保你自己始终是做正确的事情，杜绝浪费时间且创造出更多时间。

1

目标管理，保证方向正确

运用时间力量，保证方向正确，目标设定是第一步。比正确做事更重要的是做正确的事，走错方向的高效率只会让你南辕北辙。目标管理的关键有三点：设定五色目标、确定首要目标以及让目标看得见。

（一）设定五色目标

五色时间管理法提倡将时间投资到蓝色学习、红色事业、绿色生活、白色意义和黄色爱五个方面，并且保持五个方面的平衡。相对应的，我们可以划分为三大类：

第一类是红色目标，是事业、财务的目标，是具体的，是通过自己的努力可以获得的富有，红色目标是那些你想要实现的"是什么"的目标。举个例子，如果你想要年存款增加一倍，那么你就必须清楚自己要在多长时间内赚到多少钱，你还必须清楚自己要用多少钱来消费、储蓄和投资。

第二类是黄色目标，是人生的真正意义和价值，是物质目标或者是红色目标背后的坚实基础，黄色目标是那些你"为什么"要努力的目标。举个例子，如果你赚到了足够多的钱，那么很多用钱能够解决的问题就不会成为问题了。那么你可以让自己的父母等自己在意的人更好地享受生活，让他们活得更从容更幸福。

第三类是绿色目标、蓝色目标和白色目标，是你生理的保障，是你的技能和认知的提升，是需要养护的，是需要学习和实践并熟练掌握的。绿色目标、蓝色目标和白色目标对应的是"怎么办"的目标。在终身学习的时代，如果你要做好一份工作，开创一份事业，必须有健康的身体，并具备相应的工作能力。所以我们要好好生活，善待自己，接受家庭、学校、社会的教育，并且通过五色时间管理法进行自我的终生教育。

同时致力于五色目标，你会拥有一个可持续的螺旋上升的均衡人生。

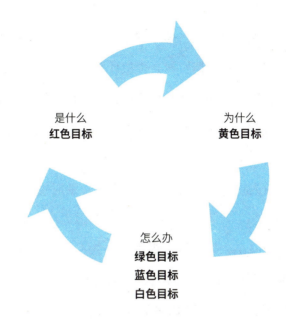

是什么
红色目标

为什么
黄色目标

怎么办
绿色目标
蓝色目标
白色目标

（二）确认核心目标

因为人与人大不相同，大家的环境不同、愿望不同，要在正确的时间做正确的事情。每一个人的人生阶段又有不同，所以你必须在自己生命的每个阶段明确自己的核心目标。核心目标一旦达成，就可以帮助你实现其他的五色目标。如何能更好地确认核心目标呢？空想肯定是很难找到满意的答案。你不妨问问自己这 3 个问题：

第一个问题：如果你突然多了 1 个亿，你将会如何改变自己的生活？

如果你瞬间多了1个亿，你还会继续做现在做的事情吗？你会多做什么事情？你会少做什么事情？你会不做什么事情？你会新做什么事情？你想最先告诉谁？你想去哪里？你想要与谁共享？这些问题可以帮助你明确你真正想要的是什么。

大多数人在说自己没有开始做某件事的时候，会说是因为钱还不够多。且不说其实钱多可以多做，钱少可以少做。现在我们就只说，如果你突然多了1个亿，你将会如何做？通过想象自己拥有足够多的钱，你会看清自己真正想做的事，想成为的人，想过上的生活。

我问了自己上面的问题，答案是：我会将那1亿投资出去，然后用投资所获的收入，为自己目前做的事情进一步添砖加瓦，比如说让爸妈得到更好的人生体验，比如说更好地满足自己喜欢的人的心愿，比如说做更多有情怀而不求回报的事情，比如说让读书会的体验做得更好，比如说在公益捐款上更加大方。

第二个问题：如果有机会写自传，你希望写出什么样的人生之书？

人生如书，我们刚出生时，对这个世界的理解是零，好比一张纯白的纸张等着我们去书写。每当我们经历过一件事，就如同在纸上写下一个故事。随着时间的推移，这本书也在一点点变厚，因我们的经历和成长，书中的内容也在不断变化着，逐渐变成了丰富多彩的人生之书。

那么你回顾自己的一生，若有机会为自己写自传，你希望留给世界什么故事？你希望自己有什么独特见地？你希望自己获得哪些方面的成就？你希望自己在一生中得到哪些趣味？你希望自己成为一个什么样的人？你希望你爱的人如何评价你？大胆想象，如果不满意，可以重新书写。当你以一种长远的眼光去看待生活，你会逐渐清楚自己一生中真正想要完成的事情。

我希望自己的一生是色彩斑斓、平衡快乐的；我希望自己的一生是能够让更多人的生活充满五色、活得充实、过得平衡的；我希望自己的一生留给世界的只有六个字：哈哈哈哈哈哈，一个"哈"字一个颜色：蓝、红、绿、白、黄、黑，因为纸是白色的，所以最后看上去是五个哈。

第三个问题：你真正爱花时间做的事是什么？

什么样的成就能带给你最大的满足感？如果你长时间只能做一件事，你希望这项活动或任务是什么？或者说，即便不给你钱，你也愿意做的事情是什么？

心理学家说最能给人带来自尊感的事情往往就是你最适合做的工作，最适合的工作往往是你的天赋所在。人都喜欢做那些基于天赋才能做到完美的事，从擅长出发，不仅可以获得最佳表现，还可以获得源源不断的乐趣与自信。

有的人的天赋是将每一份工作都变成乐趣，有的人的天赋是快速获取新知，有的人的天赋是保持商业敏锐度如滚雪球一般赚钱，有的人的天赋是幽默得惊天地泣鬼神。如果你想了解自己的天赋，除了自问上面这些问题外，还可以问问比较了解你的人，或者使用发现优势的专业量表。我自己的天赋是自洽，相信一切发生的合理性，相信所有都是礼物。

（三）让目标可视化

目标是成功的催化剂，可视化则是让目标实现的助推器。你要将自己的目标列出来，建议用手写，并且一遍遍地重写，还要放在自己能看到的地方，并且经常说出来，就像你已经完成了目标那样。目标让你每一天都有奔头，都清晰，都有方向。

目标不在于大小，也不用跟别人比，主要是基于对自己的认识，结合实际的情况，进行制定。将自己最想达到的目标列出来，然后根据重要性和可行性这两个筛子进行筛选。

我 2021 年制定了 15 个目标，其中的五个五色目标：蓝色目标是读 200 本书；红色目标是完成年初定的工作上的 3 个核心指标；绿色目标是看 100 场电影；白色目标是在小一大书悦读会公众号写 300 篇以上的书评文章；黄色目标是陪两个孩子外出五色活动各 50 次。

如果你想要让五色时间元和你一起见证心想事成的奇迹，欢迎把你这三个问题的答案发送邮件到 wssjy2021@163.com，以"用五色时间管理法，做五彩人生的主人"结尾，埋下一粒时间的种子，静待花开。

目标的格式可以以第一人称"我"打头，然后用现在时态，最后用感叹号结尾。比如：我一年看 100 本书！我一年见 100 个朋友！我一年看 100 场电影！我一年写 100 篇文章！

我每周每月会看年度目标的完成情况，以做到心中有数。2022 年的其中一个目标是：我运动 10000 分钟，截至 2022 年 3 月 31 日，我已经完成了超过 1749 分钟，只需要在剩下的日子里保持每天 30 分钟的专门运动量即可。

▲ 五色时间管理法思维导图 6：目标管理，保证方向正确

2 分析时间，杜绝时间浪费

　　要实现目标，需要投入时间，而拥有充足时间的一个很重要的路径是节约时间。五色之外还有一种色，即潜能色，它们都是有变成有益于自己的幸福和成功的潜能时间。

　　我们大多数时候并不是时间不够，而是自己把时间给浪费掉了，时间统计可以帮助你了解自己的时间花销，并清晰地看到哪些时间是被浪费掉的，只有看到浪费才有可能杜绝。

　　我将时间浪费划定为潜能色，称为"时间小偷"，并归纳为三种：根本不需要做的事情、可以委托别人去做的事情和消费不必要精力的事情。这里需要强调的是：潜能色时间并不是说你没有花时间做事，而是说你没有花时间做正确的事或者说做的是其实并不需要自己亲自去做的事或者说做了消耗不必要精力的事情。

第一种时间小偷：根本不需要做的事情。

是否需要做，取决于其是否与你的目标挂钩，你必须不忘初心，始终以核心目标为中心，始终围绕自己的人生重点来开展工作。如果你的目标是提升业务能力，增加公司收入，那么，那些可有可无的应酬，可去可不去的出差，不需要发的脾气，都是根本不需要做的事。对时间最大的浪费是把根本不需要做的事做得很完美。应对方法是说"不"。

第二种时间小偷：可以委托别人去做的事情。

有些事情是需要做的，但不一定是非你不可。举个例子，比如说工作中那些跟你关系并不紧密的会议。把那些别人可以做的事情交付出去，这样你就可以集中精力做好该做的工作，也可以大大地提高自己的工作效率。应对方法是：授权。

第三种时间小偷：消耗不必要精力的事情。

如果你成功抓住了前面两种时间小偷，那现在摆在你面前的就是和你自己的目标紧密相关的事项了。面对这些事项，你需要把所有精力专注于它们。要做到这一点，要避开消耗不必要精力的事情，主要是：四处"灭火"、优柔寡断和碎片化。当你忙于处理紧急情况，四处"灭火"时；当你优柔寡断，拖延耽搁时；当你不断被即时信息主动或被动打断，只能在碎片化时间里挣扎着完成一件件小事时，你都在消耗不必要的精力。应对方法分别是：做好预案、快速决策、分批处理。

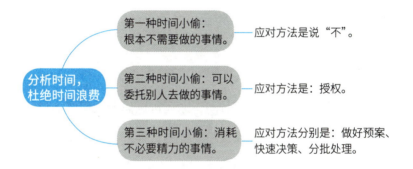

▲ 五色时间管理法思维导图 7：分析时间，杜绝时间浪费

统筹安排，创造更多时间

前面说的是不要浪费时间，你还可以思考如何增加自己的时间，尤其是自己可以自由安排的时间。我的经验是可以通过利用碎片时间、GTD 法和增加"带宽"这三个途径有效增加时间。

（一）利用碎片时间

我们经常都会听到这样的说法："时间被挤压完了，一点属于自己的时间都没有。""工作上总是被打断，很难有整块的沉入工作的时间！""一天到晚忙个不停，实在没空读书和运动。"但实际上，扪心自问，生活中许多碎片的时间，是不是在排队时、乘车时、睡觉前，不知不觉间就贡献给手机了呢？

碎片时间指的是在我们安排好的日程表中，很难整体利用，但又不得不花费的时间。我们每个人每天都有很多碎片时间，多到你难以想象，而积少成多的力量更是大到难以想象。你不妨先回顾一下自己每一周都有哪些典型的碎片时间。

如果你一下子想不起来，可以采用前面说的五色时间统计法，记录自己 1 周的时间去向，一旦时间被统计，碎片时间也就一目了然啦。比如，通勤路上等车的时间，会议开始前的等待时间，等待吃饭的时间，等待候诊的时间。如果这样太麻烦，你也可以用"健康使用手机"的功能，看看自己的手机使用时间、应用统计时间和解锁统计等情况。

当然，并不是所有的空闲时间都要用于生产才是好的，每天安排一些空闲时间，比如，在上床睡觉前写一点日记或洗个澡。有时候，什么事情都不做也没什么，甚至是将时间管理得更好的重要的一环。毕竟生活不是只有红色事业，我的红色时间只占不到 30%。但切实了解自己的碎片时间，有助于进一步优化安排。

碎片时间的使用决定了人与人的差距。如何能够更加有效地利用碎片时间呢？可以采取下面三步：首先给自己做一个时间体检；接着分析并了解自己的碎片时间；最后制定碎片时间行为表。

1. 给自己做一个时间体检

五色时间管理法提倡大家把时间当作钱去使用。多投资，少浪费。这里是投资还是浪费是很主观的，你的时间你做主，你的时间去向你来标注属性。

用于自我成长的是蓝色，用于工作创造的是红色，用于身心愉悦的是绿色，用于计划总结的是白色，用于社会关系的是黄色，其他让自己觉得时间浪费掉了的时间归为潜能色，尽可能给转化为五色。

举个例子，我和小明同样花了 30 分钟看书，对于我来说，我会标注为蓝色时间，但对非常不喜欢看书的小明来说，他觉得度日如年，那这 30 分钟对他来说就是潜能色。清楚自己的时间花费情况，你才能进一步了解自己，并做优化和改善。

2. 分析并了解自己的碎片时间

通过一周时间的客观记录，你有了自己的时间日志。这是一个开始，在此基础上进行统计分析，你会发现一些有意思的信息：你觉得效率比较低的时间，比如，下午 3 点开始有些犯困，精力不足等；自己回头看觉得花太多的时间，比如，买东西反复比较，本来计划花 15 分钟，结果用了 1 小时；有些时间其实是可以进一步优化的，比如，通勤路上其实可以运动一下或者听自己喜欢的音乐。

我们进一步分析，第一类问题属于能力不足以用好碎片时间；第二类问题属于目标不明确所以由着自己的性子就滑入了网络的漩涡；第三类问题属于没有准备好碎片时间要做什么所以也就晃过去了。

那么相对应的，不同的问题就需要不同的解决方案，上面这些问题我都遇到过，我是这样做的：第一类情况将精力充沛的时间段匹配给最需要注意力的事情，将精力不充沛的时间段匹配给不那么需要注意力的事情；第二类情况我会明确自己想要什么，始终围绕目标来开展行动；第三类情况我会在看电影的时候运动，或者走路时听书，时间叠加可以产生复合效应。

3. 制定碎片时间行为表

碎片时间包括了开会前等待、课间休息、等车、等人、睡前等的时间。我把我的碎片时间划分成了这么几类：1 分钟的碎片时间；5 分钟的碎片时间；15 分钟的碎片时间。

在进行碎片时间行为表的制定之前，需要明确：碎片时间，要做碎片事情。别要求自己一定要用碎片时间写一篇文章之类的，这种事情需要整块时间去做，那是另外一个话题了。碎片时间主要是用于绿色生活、黄色爱、蓝色学习和白色意义，不要用于红色事业。

1 分钟的碎片时间，我可以做什么？以绿色为主。休息一下眼睛；在座位上活动一下肩膀和脖子；离开座位去接水。

5 分钟的碎片时间，我可以做什么？以绿色、黄色和白色为主。记录自己今天值得感恩的事情，也就是五星级小确幸；给长辈 / 朋友回一下信息或打个问候电话，你不妨看看自己的通话记录，一般不会超过 5 分钟；在手机上看看待办清单，进行梳理或整理抽屉和桌面。

15 分钟的碎片时间，我可以做什么？以黄色、蓝色和绿色为主。给好闺蜜打个电话；读一篇精选的文章或听一节音频课或看一个 TED；做一节 15 分钟以内的 Keep。

你也可以根据自己的场景、例行，以及喜好列出自己碎片时间喜欢做的事情。切记不要贪多，最好一次就一个，逐渐培养自己对自己的信心。开始，你可以列出来自己最想充分利用的场景，比如，等电梯的时间，放在手机屏幕上做提醒，也可以放在便利贴上。然后，就对照着这个碎片时间行为表，充分利用碎片时间来执行吧！

用五色时间管理法，做五彩人生的主人！灵活安排碎片时间，让每一分钟都有价值！

（二）GTD 法

GTD 是 Getting Things Done 的首字母，它是戴维·艾伦独创的工作——生活管理系统，旨在帮助人们从高压和不确定状态提升到无压、高效的整体状态。《搞定 1》这本书里提到 GTD 的核心步骤包括五步：收集、理清、组织、回顾、行动。我是这样理解和实践的：

阶段一：收集引起我们注意的事务和信息。

事无大小，无论是否紧要，只要是等待处理的、需要改进的或者至少决定去做的事务，都需要收集起来。我一般会将想到的事情马上列到手机的备忘录上，将约定的会议马上记录在日程表里，定期进行回顾。这样相当于多了一个外挂，可以有效减轻大脑的压力。

阶段二：理清每个项目的意义和相关措施。

我会尽量多地安排重要但不紧急的事，控制重要而紧急的事情的数量，将对自己来说不重要但紧急的事情委托给其他人，避免做既不重要又不紧急的事情。

阶段三：组织整理，提出选项。

组织整理就是指事情所处的位置与其意义相匹配。我自己会每年定下年目标并分解到每个月；每个月养成 1 个微习惯；提前一周安排下周的日程。

阶段四：进行思考回顾。

每隔一段时间，全面回顾自己的整体生活和工作情况，并对打算采取的具体行动进行详细检查，一般至少每周回顾一次。我每天记录五色日志，如同佐藤传的回顾是次日的"晨间日记"一样，我也相信这种经验的积累迟早会发生奇迹，保持思考回顾很重要，可以让自己始终做正确的事。

阶段五：选择行动。

行动是 GTD 法最关键的一步。当你面对一份长长的事务清单，而总是找不到充足的时间来处理时，你是如何决定做哪些工作的呢？答案是靠自己的直觉。我喜欢用一个小工作开启新的一天的工作，给自己一个正面反馈和积极暗示，然后用番茄钟来投入开展重要的工作，定期去查看即时信息。

（三）增加"带宽"

为什么拖延患者永远没有时间？在《稀缺》这本书里用

"稀缺"进行了解释，并引入了"带宽"的概念，我从里面学习到用五色时间来增加"带宽"。

先简单来看看概念，作者认为稀缺并不仅仅是指实体的稀缺，而是一种心态和能力的匮乏，它是指一种"拥有"少于"需要"的感觉，这种感觉会让我们总是觉得不够，进而让我们的内心产生"压力"和无法满足的"落差"。而"带宽"这个词指的是心智的容量，包括两种能力，分别为认知能力和执行控制力。你就把大脑想象成一个电脑，当我们的大脑被"稀缺"之事占据时，其实就给了自己沉重的"带宽"负担，我们无法去想和去做与此不相关的其他事情，这会让我们处于心事重重的状态。

那么如何增加"带宽"呢？五色时间，都可以有效提升"带宽"：多读书、多创造、多运动、多计划总结、多感恩，你可以跟随五色，汲取新知，坚持运动，计划总结，与人为善，积极生活，每天给自己安排一点有色彩的事情。我自己行之有效的方法有这样 10 件：

读不同类型的书。读书不仅可以培养你的专注力，还可以让你涉猎不同领域，从多个维度刺激大脑。

积极生活。带着一种新鲜的眼光去看待这个世界，感恩遇到的一切，相信所有的发生都是给自己的礼物。

提前做计划。有计划才不至于手忙脚乱，这里要注意不要将时间安排得太满，另外计划不如变化，享受变化。

保证锻炼的时间。每天运动一下，即便时间很短，也能激活身体，还能改变大脑，比如说用走楼梯代替坐电梯。

保持好的心态。可以用"转念一想法"，凡事都有好坏两个方面，多去想想好的那一面。好的念头会吸引来更多好事。

正念。正念有很多种方式，当你大脑昏昏沉沉时，你可以"采用正念呼吸法"；当你心事重重时，你可以采用"动态冥想法"，或走或站。

劳动。对于脑力劳动者来说，体力劳动可以有效地进行中和，比如说做点家务，收拾一下东西。

为自己的兴趣花时间。电影让你更能共情，绘画让你更具美的触觉，旅行能让你拥有更开阔的眼界。

与人为善。压力最大的来源其实是人际关系的负面情绪，让负面情绪消除的最好办法是正面接纳和祝福对方。

写日记。这是一种有效地与自己深度对话的途径，在复盘中了解自己，深入走进自己。

我们用五色视角看看，闲下来的时间可以用来做什么：

我2021年做过一个统计，包括法定节假日还有年假，自己这年可以休息 140 天，更何况还有 225 天的上下班之外的时间可以利用。我自己平均每天工作 6.5 小时（我们平时说的 8 小时工作制，说的只是 5 天工作日）左右，睡眠 7 小时左右，如果再除去必要的一些例行开支 2 小时，还有约 8.5 小时供自己支配，除去分配给家人的时间，除去各种突发情况，还会有好几个小时闲下来的时间。该如何最大限度地利用好这些业余时间呢？怎么样才算是有效利用了时间呢？

花时间给事业，这属于红色时间的投资，可以围绕红色目标来开展。就分享一个点吧，工作日其实也可以拥有属于自己的时间。如果你们是 8 点半开始上班，5 点半下班，中午休息 2 个小时，那么你可以 7 点半到办公室，6 点半走，中午再拿出来 1 小时工作，3 个小时集中精力的话，可以上 6 个番茄钟（一个番茄钟一般是 25 分钟工作 +5 分钟休息），可以做很多事情。如果你觉得 3 小时太久，那么早中晚三个时间段，1 小时总是可以安排出来的吧。多出来的 1 小时高效工作时间，可以让你更快地出成果。用这 1 个小时可以做什么呢？你可以针对工作制定计划，你也可以为即将的会议做好准备工作，你还可以集中回复邮件等信息或者写报告。

花时间给意义，这属于白色时间的投资，可以围绕白色目标来开展。复盘可以让你更加充分地利用大脑的资源，更加好地进行能量的输入和输出。我自己习惯定期回顾自己的时间花销，进行反思并调整，以保证自己的方向的正确性和稳定性，同时又保持其灵活性，具体采用的方法有两种：做计划，主要是根据分解的目标和预定的日程来进行日程管理；做总结，看实际和梦想的差距，主要是坚持写日记。帮助自己去认识自己学了什么，干了什么，得到了什么，给了什么，想了什么等做调整。根据总结和计划的对比，进一步了解自己的时间配置力。

花时间去学习，这属于蓝色时间的投资，可以围绕蓝色目标来开展。最见效的学习是任务驱动型的学习，也就是面对工作中的困惑，面对生活中的难题，面对想要加强的能力，你要列出清单，想方设法通过学习给自己解惑，为自己赋能，保持好奇，保持成长。我自己采用的比较有效的方法包括：读行业报告、读书、听课、考证、请教，一般平均每天在2.5个小时，理想的时间是3个小时。以读书为例，如果你每天安排1个小时来读专业书籍，那么1周至少能读完一本，1年就能读52本。

花时间去生活，这属于绿色时间的投资，可以围绕绿色目标来开展。比如说典型的一种生活是休息，休息不是茫无目的地刷手机，你可以离开工位，换个地方体验一下，比如去楼下散散步，比如去有绿色植物的地方待一会儿，比如采用 5 分钟冥想法，让脑子迅速充电；休息意味着好好睡觉，你需要了解自己究竟睡多少时间才足够，养成符合自己生物钟的睡觉节奏，把觉睡足；休息意味着要运动，想着运动是不是比较累啊，过程可能会比较累，但是结果会特别爽，而且有一种充电的感觉，并且对于长远来说，身体健康才是本钱。

花时间去爱，这属于黄色时间的投资，可以围绕黄色目标来开展。去爱你爱的人，以对长辈为例：及时响应长辈的需求，比如说他提到需要去做的一件事情，马上行动；记住长辈的生日和特殊日子，记得送上用心挑选的礼物；在长辈需要聊天的时候，放下手机，专心听他讲话并认真回应；长辈如果身体不舒服，可以给长辈按摩一下；记住长辈喜欢的东西，在看到相关的东西时，带回家给他惊喜等。对爱人、对朋友、对孩子也是同理。

用五色时间管理法，做五彩人生的主人！让闲下来的时间成为自己的幸福加速器！

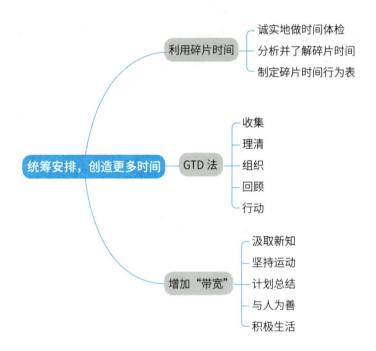

▲ 五色时间管理法思维导图 8：统筹安排，创造更多时间

4 五色时间管理法锦囊妙计

（一）在繁忙中保证运动的 3 个方法

很多人屡次下定决心要坚持运动，总是坚持不了几天就放弃了，导致身体素质越来越差，工作学习也时常感觉困、倦、乏，精力不足，易疲劳。到底应该如何才能毫不费力地坚持运动呢？

世界卫生组织针对 18 岁至 65 岁的成年人给出的推荐是，每周至少 150 分钟的中等强度的有氧运动。这个 150 分钟是累计的，每天如果半小时的话，一周要 5 天，每天如果是 50 分钟，一周只需 3 次。

除了时长，还有一个考量因素，即中等强度的有氧运动。有一个计算标准：中等强度就是你最大心率的 60%—70%，最大心率就是用 220 减去你的年龄。如果你是 20 岁，那么最大心率是 200，那么中等强度是 130 左右。 怎么监测你自己的心率呢？你可以通过一些电子设备，比如说通过智能手表、智能手环就能看出来。

那么，如何在繁忙的工作中养成运动的习惯呢？有三个方法：

1. 要找到适合自己的运动项目

很多人说自己不喜欢运动，很有可能是因为没有遇到自己喜欢的运动项目。运动项目有很多种，你不妨去 KEEP 上看看，有借助器械的，有不需要器械的，可以多体验一下，花一些时间找到自己喜欢的和适合自己这个阶段的运动项目。可以设置运动带来的瘦身预期来正向激励自己，以及想象不运动可能会带来的亚健康情况来激醒自己。

2. 要设置具体的目标，并建立即时反馈机制

目标一定要够小，开始就是成功了一半。你可以根据前面提到的 SMART 原则：具体、可衡量、可实现、相关以及有时限等几点来设定目标。比如说我自己开始跑步时就是设置的每天一公里，有了明确的目标就更加容易实现了。当时还下了一个咕咚软件，每天都跑至少 1 公里，如果没有跑，

也会去跑完，这是给自己的一个承诺，那个软件上的数字测量也就是给我的即时反馈，后来我再慢慢提升目标量，逐渐从 1 公里变成了连续几年超过 1000 公里。

3. 要学会利用碎片时间见缝插针进行运动

你可能工作太忙了，真的没时间去健身房，每天都在出差。其实运动并不像你想象的那样，一定需要一个专业的场合、一台专业的装备和一大段的时间。你完全可以在日常生活中见缝插针地完成。只要留心，每天其实有很多碎片时间可以锻炼身体。我自己会走路或跑步上下班，尽量走楼梯，工作一段时间会起身走走。我还很喜欢在新的城市跑步，不但可以保持运动量，还可以从另一个角度了解一个新的地方，有的跑步软件会给你地点徽章。

没时间是运动最大的敌人。只要你想，永远有时间。

（二）3 个方法让你变成行动的巨人

有没有发现年年都在定目标，年年目标都相似，然而到年底发现计划基本没完成。我们往往寄希望于"明天"：这两天状态不佳，再最后放纵一下，下周一正式开始。这个月对自己的执行情况不满意，下个月我一定要改变自己。2022

年在迷迷糊糊之中过去好久了，新的一年，我要从头开始。

那明天我们真的会去做吗？事实上，明天永远都不会到来。一次又一次，下了那么大的决心，明明那么想改变。但是，明天我们并不会更有心思去做。我们总是对未来过于乐观。大多数人都会高估自己在一年内所能做的事情。在为未来行动做计划的时候，我们会关注当下的情感状态，但是大多数人都只会在热血沸腾后保持三分钟的热度！那么如何能够从一个空有上进心的人，变成行动上的巨人呢？有三个经过实践证明是很有效的方法也许对你有帮助：

1. 任务导向

这个任务是真正发自内心的刚需，不是我想，是我不得不。比如，体检发现身体已经负担很重，不得不减肥，以保证身体健康，那么管住嘴迈开腿就成了刚需。而管住嘴具体的可以参考早吃好、午吃饱、晚吃少等原则；迈开腿可以根据自己的身体状况和兴趣爱好以及便捷的条件来具体选择。

从微小的目标开始，不要想着一步到位，关键是动起来。在行动中可以逐渐建立起自信，并在不经意间坚持下来。比如，我希望自己 2019 年在时间管理领域可以学习得更深入，因为这样才能更好地完成自己的使命：用五色时间管理法，让 1 亿人的生活多一点色彩。

所以，我给自己设立了一个以输出来逼迫输入的目标：每日写一篇时间管理的专栏文章，这个目标明确是写时间管理的文章；每日一篇是可衡量的；我自己每天可以安排出时间来写这篇文章，所以是可行的；写作对我的工作有助力，与我的阅读相关；1 年时间，并非无止境的，是有时限的。这是一个利用 SMART 原则定的目标。

2. 时光列车

以体检后发现身体负担过重这个为例，接着说。你可以想象两种不同情景：一种是继续放任自己不好的生活习惯，大吃大喝不运动，再美的衣服都穿不出型，而且很显老，并且还经常去医院，费时间也费钱还影响心情；一种是成功瘦身，得到轻盈的步伐和正常的体检表。如果你觉得想象起来比较费劲，也可以去网上搜索相关的正反两种结果的照片或者视频，看看自己想要哪样的人生。当然也可以看相关的影视作品，让自己过一遍两种人生。上面的这些方法都可以促使我们采取更多适宜的行动。

说回我自己，当时我并不关注是否有人浏览和点赞专栏文章，也不关注是否有人加我关注，我只是坚持写，为自己而写。我的目标是在 1 年内写够 365 篇时间管理的文章，写作的目标就完成了，对我而言也足够了。到 19 年年底我的文章是 508 篇，回答问题是 1533 条，结果是提前 3 个月实现了在此网站上变成大 V 的目标。

3. 将时间当钱

去计算自己每一分钟的实际价值，具体计算方式是用年度总收入／为总收入花费的时间。当你做一件事，不妨对照看看自己除了花货币之外，还花了多少时间元。如果你的 1 分钟值 10 元，那么如果你刷 2 小时的短视频，那么你花了 1200 时间元。时间货币化，可以增强其可视感，增加你对时间的紧迫感。

我一直在用这个办法，我会用时间价值去衡量自己做的所有事情，如果我一小时没有创造相应的价值，我觉得自己的时间是亏了的。当然这个价值可以是金钱价值，也可以是心理价值。比如，和亲人在一起，这种价值是无价的、巨大的。另外，我会要求自己的时间价值逐年提升，并且是毫不费力的。

（三）改进时间安排的 12 个方法

1.事实的真相往往是很残酷的，但是它可以让你从时间不够用的困惑中醒悟过来。请你明白一个道理：如果你有时间刷朋友圈、刷短视频、刷各种剧，那么你就有时间去读书，去锻炼身体，去做那些你觉得生活太繁忙而中断的兴趣爱好。不要去寻找任何借口，请坦诚地面对自己的时间。

2. 我们没有一个器官可以帮助我们感知时间，所以你不妨将时间看作钱，每天 1440 元，并采用《奇特的一生》里提到的"时间统计法"去了解自己的时间花销，诚实地、客观地记录自己 1 天 24 小时都花在什么事情上去了。我用过纸笔，也用过 APP，现在用的是时间块（IOS 系统）。有可能结果会让你大吃一惊——"原来我工作的时间并没有我以为的那么多""原来 24 小时又短又长""原来我还有不少时间可以再优化"。

3. 对于没有航向的船来说，任何风都是逆风。所以你得花一点时间去问自己真正想要什么，真正想要到哪里去，什么才是最令自己持久快乐的。然后围绕这个目标或者使命或者愿景，去制定前往的路线图。

4. 一旦你确定了自己的目标路线图，那么就要对与其无关的所有事情说"NO"，生活需要平衡发展，为自己而活，为要事而花时间。时间管理不仅仅会让你多做要事，还让你远离非要事。

5.找到那些可能会偷偷溜走的时间，将各种碎片时间充分利用起来，积少成多，也能生出很大的力量。比如，我自己会在等人的时候、等车的时候去看书，每次几分钟，一天下来就能有几十分钟，就能看 1 万多字。

6.避免浪费时间，对于浪费时间，我个人的标准是我花了这个时间，然后我回想起来觉得不应该这样做。比如，有时候我会熬夜看电影，这导致我第二天精力不好；比如，我有时候对于同样的事情没有及时去处理，导致二次三次面对；比如，我对某个事情生气，心情不好。我会重视这些事情，并在再次遇到的时候，保持警惕，小心绕开。

7.即便你有了自由可控的时间，这依然只是素材，我们还需要有精力，那么保持充沛精力就很重要，我们可以通过好好吃饭，好好休息，好好运动，享受爱好等方式来给自己注入活力。另外，我们还要找到自己最有效率的时段，每个人不一样，不要去学习别人。比如，我自己早上的精力明显比晚上好，那我就会把要事安排在早上。

8.现代人的睡眠时间普遍不足，晚上睡不着，早上起不来。如果你觉得睡眠质量不够高，要将早睡早起结合起来看。你不仅需要一个早起闹钟，还需要有一个按时睡觉的闹钟。在这个实时互联的时代，你要学会到时间了就断开网络，让头脑冷静下来，乖乖上床睡觉，充分享受良好的睡眠。

9. 学会断舍离。你拥有的东西越多，你需要花在其身上的时间就越多。随着时间的流逝，这些东西还会成为我们物质和精神的负担。而断舍离，可以帮助你创造出时间，并增添愉快感。

10. 专注于一。事情要一件件地做。你不妨采用沙漏或者番茄钟，当然现在还有很多的APP，让自己尝试集中精力花30分钟去处理一件事情。放心，邮箱、即时聊天工具里的信息都不着急那30分钟的延后。我们每被打断一次，平均要花7分钟左右时间回到之前的状态，而这些过渡时间就是浪费。

11. 每天都给自己安排一个有意思的事情去做。如果你在起床的那一刻有所期待的话，那么生活会变得更加美好。可以将自己特别喜欢的事情或者期待要做的小事情，列出清单，我将其归为"五色小确幸"。比如说：看半小时书、做一个番茄钟的工作、运动半小时、看半小时电影、走一条新的路、给喜欢的人一个单独的问候等。

12. 想再多，都不如真正去做。有这样一句话：为什么知道了很多道理，却依然过不好这一生？在知道和做到之间，是行动。不管你决定做什么，不管你知道多少技巧，唯有行动才能让你心想事成。你的时间由你支配，想要成为更好的自己，唯有动起来。

（四）高效记笔记的 3 种笔记法

要节约时间，就要提高效率，而记笔记是一条有效路径，亿万富翁、希腊船舶巨头亚里士多德·奥纳西斯在他的"价值百万的一课"中提到："随身带一本笔记本，把突然闪现的想法、对新见的一些人的了解以及有趣的事情都写下来。如果你不写下来，那么你就会忘记。这是你在商学院里学不到的、价值百万的一课。"那么如何高效做笔记呢？在这里和你分享三种笔记法，我自己也在用，很有效。

1. 康奈尔笔记法

5R 笔记法，又叫作康奈尔笔记法，它是用产生这种笔记法的大学校名命名的。这种方法把笔记本的每一页都画线分成不同的区域。

记录（Record），听讲过程中，在右上笔记区尽量多记有意义的论据、概念等讲课内容。是尊重自己在会议或课堂上听到的内容。可以使用符号、善用简写、罗列要点。我会在纸的上方记录时间、地点和主题等基本信息。

简化（Reduce），在会议或课程结束以后，尽可能及早将这些论据、概念简明扼要地概括在回忆栏，即左上总结区。一般是结束学习后，花 15 分钟左右时间，用自己的语言进行提炼。

背诵（Recite），把右上的笔记区部分遮住，只用线索栏中的摘记提示，对所学的内容进行复盘和巩固，用自己的话尽量完整地叙述会议或课堂上讲过的内容。

思考（Reflect），将自己的听课随感和在背诵阶段遇到的问题和困难，与听到的内容区分开，写在下方的总结栏位置。以要点形式呈现。

复习（Review），在课后总结时，每周花 15 分钟左右时间，快速复习笔记，主要是先看回忆栏，适当看记录的部分。具体需要花多少个 15 分钟，根据自己对知识点的掌握情况定。

其实你也不一定要画线分区域，只要是有笔记区、线索区和总结区三块就行，关键还是这个信息输入和整合的完整系统。

2. 关键字笔记法

关键字笔记法，指的是通过记录关键词，回顾之前记录内容的方式。在笔记纸的右侧约四分之一处画一条直线，将笔记纸分为两个区域。左边黄色区域是笔记区域，用来做笔记；右边是关键词区域，从笔记区挑选出关键词写进右侧。

关键词的数量设定也有技巧，如果设定太多就不叫关键词了，设定太少又无法理解记录内容的意思。需要经过长时间的练习，从而摸索出设定关键词的要点。

3. 思维导图笔记法

人是以树枝状连结法储存资讯，因此有人便发展出"思维导图笔记法"，以求增加记忆的保留量由一个主题分出许多子题，将信息储藏在子题内。将一个单元的主题放在正中央，当作核心理念，使用"关键字"——运用关键动词或名词当"Keyword"。

具体的做法是，由核心主题向外扩张出副主题；每个副主题都有几个主要分枝；每个概念都是用一个字词或者简短的话语来表达；多用符号、颜色等。这本书里有26个思维导图，用的就是这种方法。

（五）保证早睡早起的 10 条法则

"只有熬夜的时间，才真正属于自己。"这的确是年轻一代人的共鸣，但你熬夜再久，不过也只是假装抓住了时间。这些时间，不会延长你生命的长度，只会一点点吞噬你的健康和美丽。你所谓的"年轻"，远没有你想象的那样强大和值钱。如何做到早睡早起，保证睡眠呢？

1.给自己设定一个难受的惩罚措施。及时止损是人的本能反应，一旦没有做到早睡，就惩罚自己做一件不想做的事。比如说你自己不喜欢走楼梯，那如果没有做到早睡，就罚自己第二天走一天的楼梯，不能坐电梯。

2.入睡时提前一小时调暗房间灯光。夜间照明给生物钟提供了错误的线索，让身体误以为还是白天，无法分泌足够的褪黑素，所以我们要主动给自己营造一个黑暗的环境，可以考虑关上窗帘或者戴上眼罩。

3.睡前一两个小时洗个热水澡，或者泡个脚。一方面是洗澡和泡脚作为睡前仪式的一部分，给身体一个提示。另外从科学的角度来说，泡完澡后，体温下降的过程会引发睡意，另外就是体温和被子的温度差，有利于获得更深层的睡眠。

4.睡觉前不玩手机，不看电视。手机和电视，都会让你的神经处于特别活跃的状态，不利于入睡。我自己用得比较有用的办法是，将手机放远一些充电，或者给手机设置屏幕使用时间的限制，或者是将手机放在抽屉里等自己看不见的地方。

5.入睡前千万别想自己的事。可以想想今天看过的书、别人说的话、发生在别人身上的事情，想自己的事会让人越来越清醒。如果你还是不想睡，还可以在睡前看一些艰涩的大部头的书，难度也会带来困意，最好是实体书。

6.不要依赖酒精或褪黑素。酒精会让入睡变得容易，但常常在半夜醒来，深度睡眠时间短，睡眠质量很差，第二天醒来后头脑昏昏沉沉，注意力难以集中，不利于白天较长时间段的高效能工作与轻松生活。

7.给自己设定一个喜欢的奖励措施。每个人都希望得到即时反馈，所以马上得到奖励是很好的诱因，一旦早起，就奖励自己，比如吃颗糖或者听首歌等。

8.活动一下，最好起床后就去运动。运动有两个好处：消耗多余的体力，晚上更容易睡着；早上醒不过来的时候，运动可以快速恢复精神。可以从活动身体开始新的一天，如果没有条件运动，就在房子里做简单拉伸。如果这个都不想，就叠被子。

9. 早餐不要吃淀粉类食物。比如包子、馒头、油条、稀饭等。淀粉升糖指数高，吃完容易犯困。建议吃坚果、葡萄干、水果。

10. 找个地方打卡。找到一些早起的小伙伴，通过外部监督来养成早起的习惯。一个人走得比较快，一群人走得比较远。这里要注意的是务必把打卡这件事情简单化。

所有这些，都是为了要培养早睡早起的习惯，一切只能靠那个想要变得更好的自己。你的身体，只有你自己能负责。

5 本章小结

在这一章，我们一起理性规划时间，属于第二级阶梯。具体的步骤包括：目标管理，保证方向正确；分析时间，杜绝时间浪费；统筹安排，创造更多时间。对于没有风向的船，任何风都是逆风，在目标管理方面，具体可以通过设定目标、确认核心目标和让目标五色化这三步来实现；很多时候，你觉得时间不够用，其实是因为这样三类事情占据了你宝贵的时间：根本不需要做的事情、可以委托别人做的事情以及消耗不必要精力的事情；时间其实有弹性，是可以变多的，通过充分利用碎片时间、GTD法和增加"带宽"这三个路径就能轻松实现。

具体练习：

1.给自己时间和空间，诚恳地问自己这三个问题，这三个问题的答案最好是落于文字，或者写在纸上：如果你突然多了1个亿，你将会如何改变自己的生活？如果有机会为自己写自传，你希望写出什么样的人生之书？你真正爱花时间做的事是什么？

2.面对自己的时间开销，问自己，这块时间花费对我的幸福和成功是有益的还是有害的？如果有益，就归为五色，如果有害，就归为潜能色。若有潜能色，属于哪一类时间小偷？占了多少时间？

3. 保持对下面这三个问题的觉察，你有没有做下面这些创造时间的事情：充分利用碎片时间；将碎片时间化整为零；在能量充足的时间做重要的事。

▲ 五色时间管理法思维导图 9：理性规划时间

Note:

Date_____

- Chapter 3 -

第 三 章

高 效 利 用 时 间

千里之行，始于足下。

————— 老子

五色时间管理法小故事

老师拿来了四个杯子，按照 ABCD 编号。分别装着大石子、小石子、小沙子和水。又拿出一个大杯子 E。让一名学生按照 DCBA 的顺序往 E 里倒，结果大石子刚放了几块就放不下了。又让另一名学生按照 ABCD 的顺序倒，结果居然全装进去了。

老师说：从大石头到水，就是事情重要性的降序排列。而大杯子就像是人生。按照降序法去做事情，是可以全都做完的。

有学生问：如果实在做不完呢？

老师笑着说：即便最后有一点小沙子小水滴的装不下了，谁有会在乎一些小事呢？毕竟大石头已经落袋为安了。

如果生命是那个玻璃瓶，在我看来，五色时间就是我的大石头，是不断汲取知识的蓝色大石头，是实现价值充分创造的红色大石头，是尽享生活美好的绿色大石头，是坚定信仰的白色大石头，是与爱的人共度时光的黄色大石头。要切记先放大石头，用好这一章所说的各种方法，可以将时间更好地投资在把大石头先放入人生的玻璃瓶里。

前面我们一起正确认识了时间，并对时间进行了理性规划，这部分要进入知行合一的实践环节。花时间去学习与规划，但当行动的时机到来时，要停止思考，开始进攻。遵循"加减乘除"原则，高效利用时间，具体来说包括：聚焦要事，增"加"效能；充分授权，"减"少任务；培养习惯，"乘"数效应；高度专注，排"除"干扰。

1 加法原则：聚焦要事，增"加"效能

德鲁克说："一个管理者整天加班还嫌时间不够用，并非什么值得夸耀的事，反而是极大的浪费。"因为最稀缺的资源不是人力，也不是预算，而是时间。不管日常工作多忙，都要给自己留出反省总结和提升的时间，让自己"闲"下来。

"闲"是不带任何具体目标地琢磨"重要但不紧急"的事。以工作为例，花时间去理解用户需求、市场格局和行业趋势，就属于并不能直接产生经济效益但很有意义的事。加法原则主要有三种方法帮你聚焦要事，增"加"效能：SMART 目标法、四象限法、三只青蛙法。

（一）SMART 目标法

你有自我激励的明确方向和目标吗？萧伯纳曾说过："为

自己所认为的伟大目标而奋斗，这就是生活的真正乐趣。"
如果你还不太清楚自己的方向和目标，你可以做"快速列表"的练习，拿出纸和笔，快速写下上面五个方面你认为的最重要的三个目标，一定要敢想，试想不受任何束缚。

　　一开始，我们往往会列出很多的目标，如何制定适合自己的目标呢？怎样才能通过持续实现目标来不断积累自信，收获幸福呢？我觉得很有效的方法是 SMART 目标法。让我们一起来看看。

1. 什么是 SMART 原则?

　　管理大师彼得·德鲁克 1954 年在著作《管理的实践》中，首次提出目标管理这一概念，强调管理者不能只顾低头拉车，而不抬头看路，最终忘了自己的主要目标。1981年，乔治杜兰在《管理评论》中发表论文，提出设定管理目标的五个原则，简称 SMART 原则，也有人叫其"聪明原则"。

　　SMART 的每个字母都是一个英文单词的缩写，包括：具体（Specific）、可衡量（Measurable）、可实现（Attainable）、相关性（Relevant）和有时限（Time-bound）。

目标必须是具体的（Specific），目标必须是可以衡量的（Measurable），目标必须是可实现的（Attainable），目标必须和其他目标具有相关性（Relevant），目标必须具有明确的截止期限（Time-bound）。

无论是制定团队的工作目标还是员工的绩效目标都必须符合上述五个原则，缺一不可。原则上制定的过程也是自身能力不断增长的过程，管理者必须和员工一起在不断制定高绩效目标的过程中共同提高绩效能力。

2. 如何理解 SMART 计划？

唯一不变的是变化本身，随机应变是老生常谈，那你拥有的资源需能让你更好地应对变化。即使最初的计划不能全部实施，心里也要有一杆清晰的秤，我们还可以生出新的计划，完成最核心的任务。

你每年定的目标完成得怎么样？据统计，大多数的年度计划实现不了，一般有下面三个原因：

必要性。是必须要完成，如果不完成，确实过不去这一年。它像一团火烤着自己，是内心的激情在澎湃。就像作家需要写作，舞者需要跳舞，歌者需要歌唱。你是否找到了自己的使命？你是否清晰自己的道路？你是否有足够的动力？

可能性。是想要做，不做不行，不做会此生有憾。是不是到了最合适的时间？量力而行很重要。不管是要做的事情还是要做的事的数量。要让一个 3 岁的小朋友拿远超过他体重的东西，即便是他想，估计也是不行的。

落地性。人们总是高估一年的力量，所以会有近 50% 的人在年初立下各种 Flag。但是人们总是低估 10 年的成绩，千里之行始于足下，想再多还是要落到行动。

针对上面三种常见原因，我自己的应对方法如下：

先保证必要性：列出在蓝色学习（Learn）、红色终生事业（Lifework）、绿色生活（Life）、白色意义（Legend）和黄色爱（Love）这五个方面，自己想要完成的目标。五色平衡是我的小目标背后的根基。我是一个很"贪心"的人，就像一个小孩，什么都想要，还要达到一个平衡。所以这一点就符合了必要性，无利不起早，我得到过平衡带来的快乐，就上瘾了。我在每一个颜色上再定出了 3 个小目标，合计是 15 个目标，包括：读书、收入、电影、运动、会友、写作、公益等，每一个目标对我来说都是生命之树的一个根须，都很重要。

再保证可行性：我会参考往年的目标实现情况，以及今年在自由支配时间资源上的新变化，来预估一个自己可以实现的范围。比如说我如果一天只有 2 个小时的自由安排时间，我给自己计划每天看 1 本需要花 2 小时的书和 1 个需要花 2 个小时的电影和写半小时的日记，而我的工作和环境没有变化，时间并没有明显增多的情况下，肯定就是不可能实现的，在计划一出来的时候就失败了，是不可能完成的任务。我自己如果去年可以写 300 篇文章，那么今年如果没有大变化，我就可以写 300 篇，甚至更多。我如果去年可以平均每天运动 30 分钟，那么今年应该也差不多，但是如果我一下子要增加到运动 2 小时，面对的就只能是完不成的挫败感。

最后保证落地性： 有的目标完不成是因为根本就没有去做，越到后面就越不想做，越不想做压力就会越来越重。如何可以更好地落地？如何可以更快地行动呢？我的方法就是定小目标，每个人的小目标会各有不同，我一般会在自己没有什么感觉的情况下完成自己的年度目标，有朋友说正是因为我的目标过小。我认为每个人都需要定自己的目标，因为每个人都有畏难情绪，都喜欢掌控感，这让我们自信。所以在目标上并没有优劣，只要你自己满意就好，只要你自己感觉自己在不断地进步，在持续地做更好的自己，在让生活更加五色就好。

用"SMART 原则"来看，我的每一个目标都会很具体，落到具体的领域；我的每一个目标都是量化的，是可以计量的，比如说 XX 本，XX 家，XX 个等；我的每一个目标都是可行的，我会基于往日的情况和这个阶段的重心以及自己可支配的时间来最终确定；我的目标与目标是相关的，有的甚至是时间重叠的，比如说朋友给我上了一节课；我的目标是有时限的，我会根据年度目标分解到月、周、日，这样就不会出现临到结束才发现计划要做的事情还完全没开始的情况。

你需要确定自己的总目标，比如做一个幸福的人。在实现这一总目标的路上，需要进一步分解，可以从五色的视角去确定落地目标，比如说改善经济条件，实现健康的生活方式，优化人际关系等，任何一个其结果对幸福有着直接和举足轻重影响的领域，都需要有目标，我们具体来看：

蓝色学习领域，可以设置个人成长目标，如提升学历、增加技能、通过考试、拓宽知识面、提高创造力、提升记忆力等。

红色事业领域，可以设置事业财富目标，如自主自治、工作时间短、受人尊重、提高收入、增加存款、财务自由等。

绿色生活领域，可以设置身心健康目标，如提升睡眠质量、饮食更健康、多做运动、正念练习、更好地管理情绪等。

白色意义领域，可以设置明了生命目标，如更好地做计划、更好地写日记、更好地管理时间、养成更多的五色微习惯等。

黄色爱领域，可以设置人际关系目标，如改善家庭关系、拥有亲密关系、结交更多朋友、做更多的公益等。

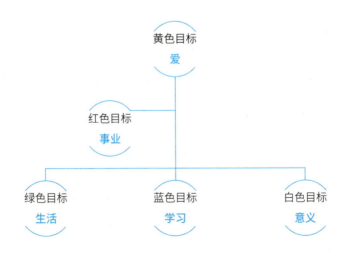

▲ 五色目标关系图

上面这个图是五色目标的关系，我们最终想要实现的是爱，能够对他人和世界有所贡献，这对应的是"为什么"的黄色目标；而更好地爱的强有力的路径是事业成功，这对应的是"是什么"的红色目标；要实现事业成功，你需要有健康的身心、匹配的技能和坚定的信念，对应的则是"怎么办"的绿色目标、蓝色目标和白色目标。

虽然说计划不如变化，但实际上计划不会只有一个具体的路径，而是会有好几条路。在计划实施的过程中，虽然总体上的计划很容易被打乱，但是内部的路径其实并不强相关，仍然非常有生命力，而且有可能在过程中分出强大的一支。为了达到预定的总目标，途中可能需要绕道，所以可能使具体的五色目标有所改变，这也是为什么我们要不断检查目标。尽管如此，设定目标后，我们才能每天信心百倍地朝着正确的目的地前进，聚焦在真正的要事上，而不是完全只受惯性和外在状况的摆布。

3. 如何用 SMART 法则做年计划、周计划和日计划？

一生就是一周接着一周，而如何度过每周的 7 天，你就会拥有相应的一生。如何用 SMART 目标法做年计划、周计划和日计划呢？

先看年计划，我以红色方面的年度目标作为例子。

第一个字母 S，S 代表具体（Specific），好的目标应该是非常清晰具体的。是"今年要存钱"，而不是"想更有金钱保障"。

第二个字母 M，M 代表可度量（Measurable），好的指标一定可以衡量。是将存款收入由去年的 5 万增加到 20 万。

第三个字母 A，A 代表可实现（Attainable），好的目标是可以达成的。如何保证存款增加 20 万呢？如果你去年存款 5 万，那么使使劲，也许可以存款 8 万，可以进一步修改为：将存款收入由去年的 5 万增加到 8 万。

第四个字母 R，R 代表相关性（Relevant），好的目标对于你应当有意义，而且与你的价值和长期目标相一致。增加 8 万的存款收入与实现财务健康或者财务自由紧密相关。

第五个字母是 T，T 代表有时限（Time-bound），好的目标一定要有时间的限制，必须要明确在多久可以达到目标。如果没有时间限制，目标设置毫无意义，而且会无限拖延。

所以，你可以进一步优化目标——在 2022 年 12 月 31 日前总存款额达到 13 万。

落实到月计划，可以简单地将其划到每一个月，即每个月需要存 80000/12=6667 元钱，然后围绕这个数字开源节流，进行储蓄。这里就不多说月计划。

再看周计划，周计划可以采用三步走的步骤。

首先，列出周愿望清单。可以花 10 分钟在纸上写下一周你打算做的所有事情，不用考虑那么多，想到什么写什么！一般有三个来源：年度目标、新增需办的事情和新增想做的事情。写完后对照年度目标，以重要性为首要原则，删除无关紧要的计划。我们不是超人，设置得多，完不成会失去计划的意义，徒增很多焦虑。

我一般会列出在蓝色学习（Learn）、红色终生事业（Lifework）、绿色生活（Life）、白色意义（Legend）和黄色爱（Love）这五个方面的一个最重要的目标。

蓝色学习方面，我计划看完 3 本书；红色事业方面，我需要完成本周的 3 件要事；绿色生活方面，我计划运动 3.5 小时；白色意义方面，我计划写 7 篇日记；黄色爱方面，我计划为身边的人做 5 件事。每天有 1440 时间元，每周有 10080 时间元，上面的最重要的目标合计是 1500 时间元，仅占 14.88% 的时间，你还可以根据自己的自由时间，来增加或者减少比重。

接下来，需要思量一下计划做这些事需要花的时间，以及对比一下你拥有的自由可控的时间。如果把时间当作钱来看，每天我们有 1440 时间元，我一般每天会花 420 时间元来睡觉，一般读完一本书需要 120 时间元；每天深度工作时间 120 时间元足矣；每天平均运动 30 时间元；写日记平均是 30 时间元；为身边的人做事，平均下来是 60 时间元。

再考虑给这些事情分配具体的时间。蓝色读书，除了实体书外，听书也很好，我会用早晚的时间来看实体书，用路上的时间听书，或者去书店看书，平均至少可以看 1 个多小时，也就是 70 时间元左右；红色事业，我相信深度工作的力量，一般重要的事情只需要 2 个小时就可以集中完成，如果不行，那就分解，也就是每天 120 时间元；绿色运动，我一般是边看电影边运动来固定运动时间，一般是半个小时，也就是 30 时间元，其他随意；白色写日记，我一般是晚上睡觉前写，让自己的心在纸笔之间沉静下来，一般也是半个小时，30 时间元；黄色爱，一般是午休时间，集中问候和回应，平均下来是 1 个小时，也就是 60 时间元。

这些除去还有 660 时间元，而固定工作时间即便按照 7 小时（不是按照你在办公室的时间算，按你实际的真实工作的时间）算，总共只需要 420 时间元，除去前面的 5 个工作日里面的 120 时间元，还需要花掉 300 时间元。即便是你像我一样睡 7 个小时，只需要花 420 时间元。也就是说其实每天还有 340 时间元，也就是还有 5 个多小时，更何况我们还有周末和节假日，空闲的时间就更多了，这个时长足够你做常规工作、洗漱，以及应对各种计划之外的事情。

2021 年第 X 周愿望清单				
类别	重要目标	时间元分配	约定事项	归属色彩
学习（Learn）	看完 4 本书	120×4=480	具体书单	蓝色时间元
终生事业（Lifework）	完成本周的三件要事	120×7=840	具体事项	红色时间元
生活（Life）	运动 3.5 小时	30×7=210	每天固定时间	绿色时间元
意义（Legend）	写 7 篇日记	30×7=210	每天晚上睡前书桌	白色时间元
爱（Love）	助人 5 次	60×5=300	礼物、回应或公益	黄色时间元
生活（Life）	睡觉平均每天 7 小时	7×7×60=2940	早睡早起	绿色时间元
终生事业（Lifework）	常规工作按照每周 5 天，每天 7 小时算	7×5×60-840=1260	例行工作以及会议	红色时间元
爱（Love）	陪伴孩子平均每天 3 小时	3×7×60=1260	接送、学习、陪伴等	黄色时间元
机动时间	五色计划、其他常规事项、突发情况等	2580	—	—
合计		10080		

其次，填入约定事项。需要开的会议或者需要见的人。格式是：时间＋地点＋人。特殊的日期需要提示的，比如，纪念日、生日或与某人有关的特别的日子。如果你有跟自己约定要养成一个微习惯，这一周其实是习惯养成的一部分，可以很简略地写在前面，比如，喝一杯水、运动半小时等。

最后，总结与反思。每天要进行反思，计划的事情都完成了，打钩；计划的事情没有完成，从日程表里面划掉。因为自己的原因没有完成的用斜划线划去，因为别人的原因没有兑现的用打叉划去，一目了然。每周日，从"一周"的角度重新评估一周的完成度，哪里做的不足，哪些需要针对改进，不断反思才是我们加速成长的保障。只有不断地分析自己的时间花销，才能更好地进行时间的计划。

下面，我们来看日计划。

磨刀不费砍柴工，花越多的时间去做计划，时间总耗就越少。不要让繁忙的工作占据做计划的时间。如果你每天花5分钟来做计划，一天会有大改变。关于日计划，我主要从有效计划的关键三要素、如何有效使用计划工具这两个方面来分享。

第一，有效计划的关键三要素。

首先，选择不被外界干扰的时间。你可以找到属于自己的 5 分钟时间，也许是下班后的 5 分钟，也可能是入睡前的 5 分钟，还可能是进家门前的 5 分钟。这个时间很容易安排出来，只要你想。

其次，始终围绕长期目标。我一般会将每日待办分为今日要事、五色事情和常规事情。今日要事是围绕核心价值观的重要事项；五色事情是根据五色日历的颜色给生活增添颜色的；常规事情是需日常处理的。五色日历的颜色是周一蓝色学习（Learn）、周二红色终生事业（Lifework）、周三绿色生活（Life）、周四白色意义（Legend）和周五黄色爱（Love），周六随心可以自由定义，周日缤纷尽量实现平衡。

最后，聪明地采用 SMART 原则。首先你可以根据自己所能掌控的自由时间的 50% 来做安排，因为生活中会有很多"不期而遇"的打扰；其次你可以限制计划的数量，我一般会在今日要事上安排 1-3 件，五色事情安排 1 件，常规事情都记录下来，分解成可以 5 分钟左右完成的事情；最后是确保时间和任务在自己的承受范围内。

第二，如何有效地使用计划工具？

如果你想对自己的生活有掌控力，使用计划工具有 3 条简单的原则：

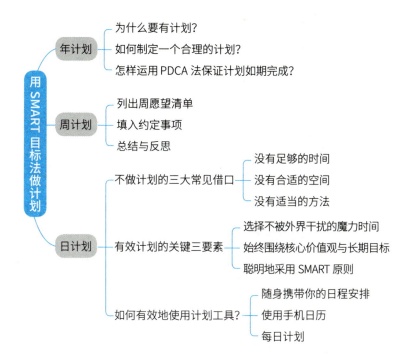

▲ 五色时间管理法思维导图 10：用 SMART 目标法做计划

原则一：随身携带你的日程安排。建议使用口袋本，它会让你的月度目标、周度目标都一目了然。我自己之前是用的实体的本子，现在用得比较多的还是电子设备，因为比较懒，不爱带实体的工具。

原则二：使用手机日历。日历上面写三类事情：常规要做的事情；与人已约定好时间地点的会面等；想要培养的习惯行为。设置提醒，并经常检视，经常做更新。

原则三：每日计划。每天花 5 分钟对今天要做的事情，再进行一次确认。"小一大书悦读会"微信公众号（微信号：Born-to-read）每天发布的五色阅历可以给生活带来一个有色彩的行动指南，帮助你不仅做得正确，还能做得有趣。每天为目标和梦想做一点努力，我们就会离实现目标越来越近。

用五色时间管理法，做五彩人生的主人！祝你养成做计划的习惯，成为更好的自己。

（二）四象限法则

美国管理学家史蒂芬·柯维在《要事第一》这本书中提出了时间管理的"四象限法则"，这套法则因简单实用而受到人们欢迎。

1. 四象限法则是什么？

四象限法则是按照影响时间安排的两个主要因素：重要性和紧迫性，将所有的事情划分为四类，分别归在四个象限内。我们的时间配置在其中一类事情上，如下图所示：

▲ 四象限法则图示

2. 如何理解四象限？

横向是紧急性，纵向是重要性，从而形成 4 个象限，不同象限的事情有不同的应对方法：

第一象限是重要且紧急的，方法是马上去做。比如，中午 12 点前把下午重要会议的资料准备好；预约了周六上午 9 点的医生；孩子一年一次的班级活动周日上午 9 点集合等。此象限定义事情的要点：紧急情况、迫切的问题、限期完成。

第二象限是重要但不紧急的，方法是重点去做。比如，制定目标与计划，人际关系的建立，锻炼身体等。不重视这个领域将使第一象限日益扩大，使我们陷入更多的压力中。

第三象限是不重要且紧急的，方法是授权别人去做。比如，不速之客的拜访，意外的电话，某些临时会议等符合别人期望的事。这类事情因为迫切的呼声会让我们产生"这件事很重要"的错觉，我们花大量时间在此象限打转，不过是在满足别人的期望与标准。

第四象限是不重要也不紧急的，方法是尽量不做。比如，阅读令人上瘾的无聊小说，看毫无营养的电视节目，无建设性的闲聊。刚开始时也许有滋有味，到后来你会发现内心会很空虚。

3. 如何通过五色时间管理法用好四象限法则？

五色时间元集中在第一象限重要且紧急的事情和第二象限重要但不紧急的事情，以第二象限为主。

首先，将时间大量投入到重要但不紧急的事项上，比如，运动、好好吃饭、充足睡眠、阅读提升、计划总结、维系人际等，这有助于我们将很多紧急之事扼杀在摇篮里面。五色时间元绝大多数都有助于我们提升生活的质量。

其次，更加积极主动地处理重要且紧急的事项，将压力转换为职场提升的机会与动力，成长最快的时候一般都是面对大挑战的时候。我们要注意经常问自己这是否有助于实现重要的目标，若不是，就属于紧急但不重要的事情。

最后，将不重要的事项转化为重要但不紧急的事情，比如，对于客人的突然来访，限定时间，说明情况，沉入进去交流，在可控的时间内达到沟通的效果，而不是任由别人来侵占自己的时间，转为了重要但不紧急的红色事业的时间。比如刷短视频，可以考虑将其限定在 30 分钟，不要任由自己一下子在上面花掉 3 个小时，最后头晕脑胀还没有价值输入，转为了重要但不紧急的绿色休闲时间。

这样说未免有些抽象，以我自己的某一天为例：

第一，罗列所有要做的事情：制定计划；写日记；准备今天下班前需要交的会议材料；看书；刷短视频；接到突然来的电话；跑步 3 公里；接送孩子；看个电影。

第二，按重要程度进行分类（以下重要程度仅是对我而言的）：

重要且紧急的：准备今天下班前需要交的会议材料（红色）。

重要但不紧急的：制作计划（计划，白色）、看书（为了进步，蓝色）、跑步 3 公里（为了健康，绿色）、看个电影（为了兴趣，绿色）；接送孩子（为了爱，黄色）；写日记（复盘，白色）。

不重要但紧急：接到突然来的电话（在潜能色和红色之间徘徊）。

不重要不紧急：长时间刷短视频（潜能色）。

第三，逐个击破：优先做重要且紧急的，即做今天下班前需要交的会议材料，我一般会马上做，在精力最充沛的时候开展此项工作，并且提前一点时间交，这样还可以得到反馈修改意见，一旦开始你就会发现并没有想象中那么难。

要专门花时间来做重要但不紧急的事情，可以固定时间、固定地点、固定事件，将其纳入日程表，逐渐就形成习惯。以写日记为例，我一般是每天结合当天的时间花销，坐在书桌前写当天的日记。

要快速委婉地结束不重要但紧急的事情，我会在自己专心做事的时候不去接听没有存号码的手机电话，也会在接到座机电话的时候快速了解对方是谁以及想做什么事情，然后给其一个反馈并在自己方便的时候再回电话过去。

我会避免做不重要不紧急的事情，比如说卸载我觉得没有什么意义但真的可以让我在上面花很多时间的短视频手机应用，既然诱惑这么大，那就在源头上掐断吧。

目前我会借助四象限的日程表来进行事情的安排，用的APP是指尖时光安卓版。

用五色时间管理法，做五彩人生的主人！祝大家能客观、辩证、创新地看待时间"四象限法则"，在工作生活中灵活有效地应用，让自己的生活更加高效，更加有条理，给生命以色彩，给灵魂以滋养！

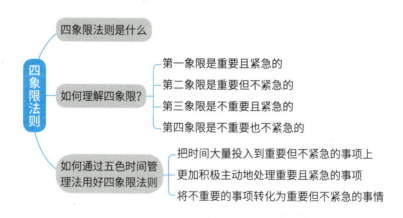

▲ 五色时间管理法思维导图 11：四象限法则

（三）三只青蛙法则

世界顶级咨询师博恩·崔西在《吃掉那只青蛙》一书里，为我们提供了一种专注于最重要事情的方法，称为"三只青蛙"时间管理法。它和意大利经济学家帕累托在 1906 年提出的二八法则也被称为帕累托法则，有着异曲同工之妙，即要将 80% 的精力花费在 20% 的重要事情上。"三只青蛙"就是这 20% 的要事。

1. 什么是"三只青蛙"时间管理法？

"青蛙"代表最艰巨、最重要的任务。"三只青蛙"指的是我们每天（周、月、年）最重要的三件事。找出你一天、一周、一个月、一年、一生中最重要的三件事，他们就是你必须吃掉的"三只青蛙"。利用帕累托定律，每天划出 20% 的时间，集中精力，专门对付这"三只青蛙"。

2. 如何理解"三只青蛙"时间管理法？

如果不优先吃掉"青蛙"，你就有可能拖延。每天先解决最具挑战性的任务会让一天都过得很轻松。采用"三只青蛙"时间管理法能让我们知道最急需解决的只有三件事，这会让我们有一种紧迫感。而且每当我们做完一件事情的时候，我们就能获得自信，获得不断向前的动力和信心。要有效使用"三只青蛙"时间管理法，可以从下面三步着手：

首先，明确你的"三只大青蛙"。

"如果我只能完成一件将对我的生活和工作成果产生最大影响的事，它会是什么？"把它写下来。然后再找出一个，也把它写下来。最后再写一个，这就是你的"三只青蛙"的雏形。接着用前面提到的 SMART 目标法将"三只青蛙"可行化。"三只青蛙"很可能是一些非常重要、需要保持专注才能完成的大事。

其次，先吃掉"最大、最丑的那只青蛙"

即更重要、更困难的那个目标。为了专注于最重要的活动，每天至少在它身上投入 80% 的时间，你需要应用前面提到的"四象限法则"。另外，你可以再划出自己的年度"三只青蛙"，季度"三只青蛙"，月度"三只青蛙"，每周"三只青蛙"和每日"三只青蛙"。

"三只青蛙"法则不是只局限于工作，也应该包括工作、学习、生活、理财和关系等各个方面，也就是蓝色学习（Learn）、红色终生事业（Lifework）、绿色生活（Life）、白色意义（Legend）和黄色爱（Love）五个方面都要兼顾，唯有全面而平衡，方能获得最大的幸福。

最后，每天保护自己的"青蛙时间"。

你需要在你可利用的时间周围划出保护圈，不惜一切代价守住这个保护圈。首先，将"青蛙"放入日程表，确保专注于此优先事项。其次，大胆地说"不"，拒绝不必要的事情。最后，关掉网络排除干扰，吃掉尽可能多的"青蛙"。

时间就是生命，你能在多大程度上利用好时间将决定你能否有所成就。你将如何度过永远也无法从头来过的余生？用五色时间管理法，做五彩人生的主人，你的时间自己做主！

3. 如何在生活中应用"三只青蛙"时间管理法？

首先，列出五个方面的"三只青蛙"。

生活如果是一个水桶，蓝色学习（Learn）、红色终生事业（Lifework）、绿色生活（Life）、白色意义（Legend）和黄色爱（Love）就是五块构成水桶的板。成长与发展、职业与财富、健康与享受、平静的内心、和谐的关系，每一部分都很重要，我们可以按照领域分别列出"三只青蛙"。你就想前面是一个心愿水桶，你想实现哪些心愿。我自己会列出五个方面的 3 只青蛙，以蓝色学习为例，年度包括：读书 200 本、学习强国累计积分过 2 万、去书店 50 次。

其次，一次集中力量对付一只青蛙。

你想要从任何一个领域开始都可以，关键只在于你需要专注，如果什么都要抓住，那结果一般是顾此失彼。我自己是每个领域都会列出 3 个，但我会以一个月为期，每个月划定一个关键词，每个月针对一个领域的一只"青蛙"进行。比如我的 10 月是学习强国平均每天过 50 分。

最后，创造专门的时间。

将"青蛙"写入日程表，当在固定的时间集中用于固定的事情时，你很快就会养成习惯。我自己的方法是 1 个月为期，每个月集中养成一个微习惯，也就是对付其中一只"青蛙"，这让我很轻松地养成了一个个好的习惯。包括读书、运动、写字等。而开始不要决心太大，要给自己小的目标，让自己积累成就感。自从我 10 月养成了这个习惯，我的 11 月和 12 月也开始顺延这样的节奏。

因为有不少朋友问过我都定了什么一个月内的微目标，所以我将自己 2021 年定的目标列出来供参考：

一月（主题：爱）：每天抄经 5 个字。

二月（主题：亲）：学习强国每天学习 5 分钟。

三月（主题：耐心）：每天个人消费支出 21 元内。

四月（主题：尝试）：坚持每天称体重。

五月（主题：勇气）：每天一张五色随手拍。

六月（主题：坚持）：每天运动 5 分钟。

七月（主题：绽放）：每天读书 5 分钟。

八月（主题：感受）：每天早上擦地。

九月（主题：沉思）：每天动态冥想 5 分钟。

十月（主题：成长）：每天学习强国 50 分 +。

十一月（主题：探索）：每两天看一个电影。

十二月（主题：蛰伏）：将每天的五色随手拍进行拼图。

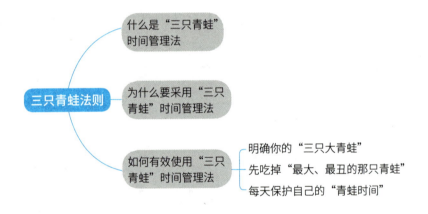

▲ 五色时间管理法思维导图 12：三只青蛙法则

（四）五色时间管理法实战

实战一：如何开启富有动力的一天？

你是否遇见过下面这些情况：一大早走在上班的路上，耳机里传来了各种资讯，但自己其实没怎么听进去；坐在工位上，心里很清楚有一大堆事情需要做，但发现很难进入上班状态；开晨会期间，大家讨论得很热烈，自己却昏昏欲睡。很多人会认为是"自己没睡够"，但其实只是缺乏注意力。在《高效忍者》这本书里把注意力当作货币，介绍了三种注意力类型，我说下自己的理解。

1. 注意力的三种类型

主动型注意力。如果是主动型注意力，那么你能够全神贯注，这种状态能应对棘手的问题和有挑战性的任务，并且可以头脑清晰地做出重大决定。这种程度的注意力至关重要，是非常宝贵的，可以让你保持高效率。

积极型注意力。如果是积极型注意力，那么你能够投入工作，但并非全然投入的状态，很容易分心，比如说闪着红点的信息，比如说一条突然弹出来的资讯，比如说寻思一会儿去吃啥东西。这种程度的注意力让你整体而言效率一般。

不积极型注意力。如果是不积极型注意力，那么其实你这时并不适宜开展红色工作或者蓝色学习，尤其是艰难、复杂的任务。如果勉强自己与任务做斗争，那效率会较差。这时适合做什么呢？适合做绿色乐活的事，比如说呼吸一下新鲜空气。

注意力在一天是有波动的，上面的三种类型是人为粗略的划分，你可以将自己的主要时间段标注为不同的类型。你会换个角度认识自己，并了解什么时间是什么状态。那么，你预计自己有多少主动型注意力呢？也许比你想象中少很多，且周一到周五可能每天的时间不一样，作者提到自己周一到周四每天 2-3 小时，周五只有 1.5-2 小时。

每个人的注意力分布有不同。有些人习惯早起，在寂静的清晨干劲十足，而有些人却在早起时昏昏沉沉。有些人需要午休，不然下午要崩溃，而有些人却可以一直保持精神集中。有些人习惯晚睡，一到夜里 11 点，他的夜晚才刚刚开始。所以你需要弄清楚自己的注意力分布，在何时注意力最佳，精力充沛，处于主动型记忆。何时状态变差，需要调整状态。

2. 持续提高注意力水平的三个方法

管理注意力其实就是将注意力保持在主动或者积极的状态，这样就需要对可能对注意力产生干扰的因素进行管理。变不积极为积极，变积极为主动，毕竟主动型注意力才是你追求的提高效率的有效法宝，而且也是开启富有动力一天的良方。

充足营养。如果你一直处于饥饿和身体虚弱的状态，即便你想也很难集中注意力去工作，因此，一定要保持身体有充足的营养：喝水、吃早餐、少食多餐、补充维生素还有保证充足的睡眠等等，这些习惯都有助于保持充足的营养。

体育锻炼。注意力能否集中跟大脑健康有很大的关系，而大脑健康跟身体健康有很大的关系，因此提高注意力还需要经常锻炼身体，锻炼身体还可以让自己更加的健美，一举两得，何乐而不为呢？

冥想练习。冥想其实就是让你审视自己，审视你跟周围世界的联系。冥想有助于我们平心静气，让我们感受真实的自己，开始可能会有一些不适，但别紧张，你逐渐会享受冥想带来的平静。

3. 五色仪式，开启富有动力的一天

习惯能够分散抵触情绪的注意力，利用拖延它的时间，你会有机会为工作创造动力。一天开始前按照一定章程做事是比较聪明的做法，借助习惯，你可以在抵触情绪发现之前迅速进入工作模式。

我一天的开启是采用五色仪式模式：

蓝色：读书（少一点，但要有）；

红色：自媒体（进行内容创作）；

绿色：喝水、运动、吃早餐；

白色：做当日要事和备忘事项检查；

黄色：阅读推广、做家务、送孩子。

不同人早上的习惯不一样，但是那些用好习惯开启一天的人更有可能收获高效的一天。做喜欢的事，能让新一天充满色彩。第一阶段可定一主色调，做固定事，比如蓝色读书、绿色运动等；第二阶段可据每日主色调：周一蓝，周二红，周三绿，周四白，周五黄，周六随心，周日缤纷，做五色事；第三阶段可让每天都五色。

实战二：如何提升居家办公效率？

互联网时代，在线办公的模式得到了快速的发展，这虽然省下来了通勤的时间，但是，在家上班其实干扰很多：一会儿家人叫帮个忙或者来送个吃的，一会儿孩子吵闹让陪着玩儿。即便是没有其他人的打扰，我们自己有时候也很难有自律能力。居家办公看上去自由，但实际上更需要时间管理。那么在家怎样才能高效率办公呢？不妨试试下面五个亲测有效的方法：

1. 设立仪式感，进入工作状态

按平日的起床时间起床，不要睡懒觉和熬夜，保持良好的精神状态和仪表。即便不视频会议，即便不去见领导同事，也应该让自己尽量精神，最好穿你上班时穿的服装，不要打破自己的节奏。不修边幅会让整个人比较懒散，影响效率，另外也很难进入状态。

划出一个物理空间专门用来办公。如果有单独的房间当然最好，如果没有，你可以设定自己的书桌或者在某个空间内再划出一个小的空间，用来专门办公。千万不要在床上或沙发上办公，床是用来休息的地方，让它发挥其原始职能就好。另外身体过度放松，也会让整个人注意力不容易集中。

和平日的工作时间一样打卡上下班，并在同样的时间进行休息，区分好工作和休息时间。在休息的时间去休息区，在工作的时间回到工作区。

2. 每天做三件重要的事

对时间进行管理其实是对人生进行管理。我们需要对三个方面进行管理 —— 人、事、时间，在这三个要素中，最重要的是人。因此，要提炼出适合自己个性的时间管理方式，并能行动且贯彻下去才最重要。基于人的五层次需求，要考虑快乐及平衡发展。关于事情，以自身发展和能力提升，人生目标及梦想追求为依据。时间，则从量和效率入手。

事情按照紧急和重要的维度分类为四象限。用一种积极的态度以时间管理的方式来支撑起人生目标，可以让自己的人生更清晰可控，也更有意义。我们应该优先处理重要且紧急的事情，多花时间来做重要但不紧急的事情，将紧急但不重要的事情转给别人做，拒绝做不紧急也不重要的事情。放心，一天中重要的事情不会超过3件。

3. 排除干扰，专注工作

在你需要专注工作的时候，这些方法可以帮助你提升专注力。

减少分心因素：远离互联网（你真的没有必要一直在互联网上）；关掉手机或者开飞行模式或者静音；关掉 APP 的推送信息；关掉电子邮件提示；拔掉电视机插头；将一切电子产品移出工作区域；将 QQ 锁定；关闭钉钉；准备一个合适的环境，比如水就在旁边，不用起身去接水。

排除干扰因素：如果你有独立办公房间，可以在需要的时候把门关上；如果你是共享空间，你可以尝试做如下的事情：不要和其他人进行目光接触；戴耳机，即便你什么都不听，也能让人觉得你现在不想沟通。

培养个人的专注力：前面讲的其实是外部环境对人专注

力的影响，可能是事，可能是人，但其实影响专注力最大的潜在障碍恰恰是你自己。即在无数其他很有意思的事情等着你去做的时候，你无法让自己专心于某一件事情，所以你不妨每天都有一个集中注意力的训练，慢慢拉长时间，一点点地提升，不让自己去摸手机，不让自己去开网络。或者一点点地减量，不可能一步到位。

4. 番茄工作法提升效率

如果你很难专注，又想要让效率更高，可以采用"番茄工作法"来做时间管理，"番茄工作法"是 25 分钟工作 +5 分钟休息。你可以一个个"25 分钟"的番茄时间，专注工作，中途不允许做任何与该任务无关的事，工作 25 分钟之后，休息 5 分钟，这个时间最好不要去看手机，可以去看看风景，活动一下，或者补充一点水分，结束之后再进入下一个"25 分钟"。

番茄工作法的好处有很多，让时间概念从"点"变成"块"，让时间分配有迹可循，还可以提高对工作量的预估能力；每一个"25 分钟 +5 分钟"充满了仪式感，开始计时后会变得很容易专注；25 分钟的工作压力不太大，忍忍也就过去了，慢慢地，你会对时间更敏感，更尊重。

5. 给要事匹配最佳精力

经过上面四步，你有了工作状态，也知道自己要做什么，打算专注工作，并且已排除了各种干扰，还用了番茄工作法，那么最后一步是你的精神状态得跟上。

实战三：如何在碎片化时代深度工作，成为不可替代的人？

这是一个信息泛滥、干扰不断的世界，让人很难静下心去做事。很多人会跟我说："我喜欢读书，但可怕的不是我没有时间看书，而是我发现自己很难静下心来读书。"确实。有一个朋友跟我说微信朋友圈 10 分钟没有更新，他第一反应是诧异，然后是猜测没网了还是没钱了。也就是对他来说，微信是一个始终在更新的软件，这也可以从另外一个侧面看到微信对人注意力的吸引，几分钟就会去刷一下微信，看看有没有新的信息。

微信、钉钉、QQ 以及邮箱在不断地闪。微博、头条、抖音以及喜马拉雅，在持续推送信息。对于很多人来说，迅速地收发邮件和回复信息，这种繁忙景象给了我们一丝慰藉。但随着微信、钉钉等社交软件拼命地抢占大家的碎片化时间，把我们的日程安排弄得越来越零散，也让我们的注意力不断被切割，让人很难静下心来去做事。那么，其实我们每个人都应该拥有深度工作的能力。

1. 什么是深度工作？

深度工作，就是需要在无干扰的状态下才能专注进行的专业活动，这样的活动能够使个人的认知能力达到极限。

浮浅工作，就是那些对认知要求不高的事务性工作，而且往往在自身受到干扰的情况下开展。此类工作通常不会为世界创造太多新价值，且容易复制。

2. 为什么要深度工作？

深度工作能帮助你快速掌握困难的事情，可以让你以最短的时间进入心流时刻，高效地完成工作。深度工作能够创造新的价值，提升你的技能，而且是难以复制的，会为你带来满足感和价值感。深度工作有助于精英级产出的实现：高质量工作产出 = 时间 * 专注度。

3. 如何实现深度工作？

要实现深度工作，我认为有三个原则是很重要的：关注点要放在极其重要的事情上，你想完成的事情越多，你完成的就越少；准备一个醒目的计分板，记录你在重要事上的深度工作时间，也可以记录你对深度工作状态的满意度，并衡量深度工作的质量；定期复盘，每天、每周、每月回顾自己的计分板。

妨碍我们深度工作的不仅有外部环境的干扰，还有我们自身的因素。那么如何让自己更坚定的完成任务呢？秘诀是培养自己深度工作的习惯。

下面三招能帮你建立良好的深度工作习惯：

第一，工作时排除外界网络的干扰，主动断网；

第二，制定工作惯例，比如自己的独处工作时间；

第三，每周末固定时间去书店或图书馆，看有深度、有难度的书籍。

在《深度工作》一书里提出对于新手来说，每天1个小时左右的高度专注工作似乎已经是极限了，而对于专家而言，时间可以长达4个小时，但基本不能再长了。我们每天充分专注的时间就那么多，此后，我们集中注意力的能力就开始下降。所以可以尝试深度工作，但不要太苛求自己，尊重规律。

掌握规律并运用规律，你的工作效率将成倍提升，而人在沉浸于某项挑战时也才是最好的自己。人生有许多种活法，日复一日忙忙碌碌不加审视是一种，定期复盘深度思考并自我精进是一种，选择的权利在自己手中。

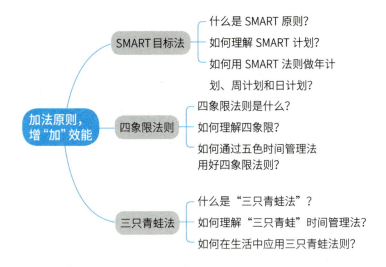

▲ 五色时间管理法思维导图 13：加法原则，增"加"效能

2 减法原则：充分授权，"减"少任务

时间管理不是让你做更多的事情，而是让你专注于自己最想做的事情，这其实是在围绕重点，做减法。在行动之前，问问自己："我要做的事情是能够给我带来 80% 回报的 20% 的事情吗？"以我们大家都很重视的工作为例，可以用下面的这些问题经常问问自己：

第一，我的工作价值是什么？记住，只有三件事创造了你工作上的大部分价值。你的哪些工作是贡献最大的。如果你不确定，就问问你的上级，他会很乐意告诉你。

第二，我的工作成果是什么？想要创造更大的工作价值，我需要得到什么样具体的成果，也就是说要关注哪些关键性的指标。要将自己的价值量化，或者与可量化的指标挂钩。

第三，对你的时间最有价值的利用方式是什么？你擅长且

喜欢的时间使用方法，就是你的激情所在。我一直认为理想的工作是自己喜欢的、自己擅长的以及自己认同的三者合一的工作。

除了工作之外，我们还有很多的角色：孩子、父母、朋友等等，也可以用同样的问题来问自己，我的这个角色的价值是什么？我需要做到什么样？我愿意用什么样的方式来实现这样的成果？

一旦你定好了位，并且了解自己的时间分配优先级，你就可以很好地做减法了。具体的路径有花钱买时间、委派他人和借助外力三种路径。亲测有效。

（一）花钱买时间

我们需要下定决心：基于时间做决策，而非金钱。花钱购买时间的主要目的，是消除每天的消极体验。

将杂务外包：以适当价格将不喜欢的任务外包，可以帮助你缓解压力，如雇人帮你清理房间、整理衣柜、排长队、挑选衣服、洗衣服刷鞋等。但要注意，过度外包也会让人感到时间失控，反而降低满足感。

清楚具体想放手的任务：其实我们一般只讨厌杂务的某些方面，而不是完全不享受这项任务。可以将你最不喜欢的任务或其中某一部分任务外包。比如说有人喜欢做饭，但不喜欢打扫卫生，可以请钟点工。

少做性价对比：寻找最高性价比所花费的时间，往往比你省下的钱更有价值。比如，为了买更便宜的猪肉，开车去很远的地方，油钱可能比肉钱还贵；为了以最低的价格买一件衣服而在网上逛很多店铺，白白浪费了很多时间。

通过以上方式得到更多的时间之后，可以用这些时间陪伴亲友，或做一些能够提升幸福感的事。

▲ 五色时间管理法思维导图 14：花钱买时间

（二）委派他人

如果做一件工作，下一步行动花费的时间会超过两分钟，你可以问问自己："我是不是最适合处理这件事情的人呢？"如果答案是否定的，就把它转给适当的人选。当然，要采用一种"恰当的方式"。

　　委派工作并非总是上级对下级的。你可以表明"这个事情由某个部门来处理更合适"。你也可以说"这个事情你上次就处理得很好，这次还是你来吧"。

　　委派工作也并非只是在职场，在家里也可以，比如说爸爸擅长英语，那么教育孩子英语的职责就非他莫属了。世界上的事分为三类：自己的事，别人的事，老天的事。我们要发挥自己的天赋，还要帮助别人去发挥自己的天赋。除去老天的事外，将不是自己的事还给别人，让每个人都做自己最擅长的事情，世界会更美好。

▲ 五色时间管理法思维导图 15：委派他人

（三）借助外力

　　借助外力跟委派的不同在于：委派是确定这个任务究竟对谁来说是重要的事，是谁更擅长的，划定一个职责范围，进行重新地分工。而借助外力，则是大家共同的要事，或者大家都可以做得很好，一起来分担，彼此赋能。

以职场妈妈为例，桑德伯格说："如果希望另一半变成你的人生搭档，首先要把对方看作和自己地位平等的伙伴。"很多女性由于太有控制欲或过于挑剔，无意中打击了很多男性分担家务的积极性。我们在生活中总会听到这样的话"你这样做不对！""你懂不懂啊！"。这些都会挫伤男性的积极性。

职场妈妈尤其是二娃妈妈想要减轻压力，要学会放弃控制，让伴侣独立承担一部分家务，并不需要事必躬亲。大胆放手让丈夫去照顾孩子，支持他用自己的方式承担家务。两个人都想在事业与家庭上同进退，要共同认识到对家庭的爱与责任，彼此成就，五色共进。

▲ 五色时间管理法思维导图 16：借助外力

（四）五色时间管理法实战

实战一：如何有效地花钱买时间？

花钱买时间主要考虑的两个点：一是看能不能，也就是你是否已达到花钱买这份时间的阶段，你是更缺钱还是更缺时间；二是看值不值，你花的钱比你花同样的生产时间赚到的钱要少，你的时间价值我们在最开始就已经计算过了；三是看想不想，除了货币价值，还有很重要的是心理价位，要看自己的意愿。

我自己比较常用的方法有这样几种：

花钱买学习时间。我愿意花钱买书，买课，请专家老师喝茶吃饭，书里的知识和专家老师的经验，是他们时间的精华。

花钱买工作时间。如果工作很繁忙，可以用点外卖的形式来替代自己做饭，虽然自己做饭有别样的乐趣，但快速进餐迅速投入工作是那个时间点更需要的。

花钱买休息时间。加班如果比较晚，我会打车回家，一方面是考虑安全，另外一方面则是考虑我需要足够的休息时间，车上的休息也很重要。

实战二：如何有效地委派他人？

委派他人更多体现在工作中。那么具体如何来实战呢？

我自己的经验如下：

确定职责：通过和直属领导沟通，确认自己的工作职责和关键任务；

列出清单：根据工作职责和关键任务，按照四象限法则，列出"少即是多"的清单，有些事情需要做减法，要一开始就从清单里划出去；

委派他人：确定了清单之后，再去找直属领导沟通，将不属于自己清单的事重新明确职责人，并进行工作交接，最好是当面交代，完成委派他人；

也许整体的步骤会因为工作的复杂程度而略多，但请坚持到底，一定会有效果。

实战三：如何有效地借助外力？

做不到的时候，一定要求助他人，不要奢望以一己之力就平衡工作和生活。想做到从容不迫，就要学会借助外力。以最需要平衡的职场二娃妈妈来说，可以如何有效地借助外力呢？

信任老公，夫妻共同育儿：夫妻关系如果和谐稳定，那不仅多了一个得力的伙伴，还会给孩子创造一个良好的家庭教育环境。不是说爸爸能送给孩子最好的礼物就是爸爸爱妈妈吗？爱有很多种表达方式，其中的一种就是帮忙分担家务。

尊重长辈，感恩他们的付出：带孩子是非常辛苦的，长辈能够放下享清福，来为自己照顾孩子，是大福气，不是应该做的，应该极其感恩，一有机会就要换着让长辈多休息。两辈人教育观念难免会不同，不要因小失大，只要不是原则性的问题都别放心上。

建立社群，互助管娃带娃：可以在朋友圈、孩子的同学圈、所住的社区圈，发展出以孩子为纽带，共同养育孩子的"同盟"。比如说同一个楼里，可以帮忙互相照看着，孩子们还可以一起玩儿。

不管是哪一种，都是在心理上要共同分担，在情感上要平等对待，在效果上要彼此成就。

▲ 五色时间管理法思维导图 17：减法原则，"减"少任务

3 乘法原则：培养习惯，"乘"数效应

　　人们很容易高估某个重要时刻的关键作用，也很容易低估每天持续进行微小改进的价值。我们总是认为高光时刻需要大规模的成功，配上惊天动地的改进。其实，并不特别引人注目的 1% 的改进可能更有意义。我们来看看差别：

　　$(1+0.01)365 = 37.7834 > 1$；

　　$(1+0.00)365 = 1 = 1$；

　　$(1-0.01)365 = 0.0255 < 1$

　　是的，这就是复利的效应。随着时间的推移，一点小小的改进就能带来惊人的不同，正如上面的公式显示：如果你一年内每天都进步 1%，到你年终看时，你将会进步超过 37 倍；如果你一年内每天都退步 1%，你将会退步到几乎为零。习惯是自我提高的复利，有着"乘数"效应。

这一部分跟你分享如何区别好习惯与坏习惯，如何培养五色微习惯，以及如何用自律打败拖延。

（一）好习惯与坏习惯

人的性格基本上是由习惯组成的。习惯对我们的生活有很大的影响，因为它是一贯的，在不知不觉中影响着我们的性格，左右着我们的成败。我相信习惯可以养成，也可以打破，但绝不是一蹴而就，而是需要长期的努力和无比的毅力，不同的习惯需要不同的时间来养成。那么究竟什么是习惯？怎样培养一个好习惯？怎样改掉一个坏习惯？

1. 什么是习惯？

我们每天有 40% 的行为是习惯的产物，过好每一天，就是过好一生。习惯是我们刻意或深思后而做出的选择，即使过了一段时间不再思考仍会继续在做的行为。这是我们神经系统的自然反应，习惯形成后，我们的大脑进入省力模式，不再全心全意地参与决策过程。

在《习惯的力量》一书里提到每个习惯有三个组成部分：一个"触机"，让行动开展；一个跟该触机直接相关联的"奖励"；一个"惯性行为"，即习惯性行为。触机下我们想起了那个难以抵抗的诱惑，于是习惯性的行为就出现了。

在《如何戒掉坏习惯》这本书里提到坏习惯，是指禁不起眼前的欲望或是诱惑的驱使，从长远来看会带来负面影响的习惯。比如说暴饮暴食、过量抽烟等。坏习惯会夺走你宝贵的时间，让周围的人失去对你的信任，最后还会夺走你珍贵的财富——自信。

2. 怎样培养一个好习惯？

第一步，确定自己想培养的习惯后，为完成这个行为找到自己的"奖励"。这个奖励要大到使自己产生某种"渴望"，需要足够有诱惑力。比如说为了拍美美的婚纱照而在较短时间内瘦身。

第二步，给自己设立一个"触机"，要简单易行。触机产生，就要开始行动。比如，一张手写的承诺放在玄关的位置，或者将自己的目标以图文并茂的方式，设置为自己的手机屏保。

第三步，坚持在触机和奖励之间，建立某种"行为习惯"。重复、重复、重复。不仅仅要重复行为本身，还要一次一次强化自己的"渴望"，最终让触机不仅触发行动，更触发对奖励的渴望感。比如说每天都称体重，感受自己的变化。

　　坚持是培养习惯过程中不可获取的要素，坚持本身需要极大的力量支撑，而这种力量的获取有很多种办法：

　　一是向内获取力量，问问自己的总目标为何，问问自己的兴趣为何，问问自己的擅长为何。如果能将自己的总目标、兴趣和擅长相结合，力量是非常大的，会形成极大的内驱力。

　　二是向外寻找团队，一个人坚持行动总是比较难，如果有朋友互相加油打气会更容易。知道在这条路上自己不是一个人，当看到别人能坚持做到时，也能增强自己做到的信心。

　　三是及时给予反馈和奖励，将想要养成的习惯细化到具体的事项，然后每天对一些你认为是好的行为给予奖励，一些不好的行为可以适当性的给予惩罚或忽略。

3. 怎样改变一个坏习惯？

　　坏习惯的养成非常简单，我们很容易就会爱上吃膨化食品，我们很容易就刷手机超过限度，我们很容易就睡懒觉。这里分享三个规则：

　　第一条规则：推倒旧习惯再建立新习惯的难度，大于在原有习惯上进行调整，不如用新习惯覆盖旧习惯。比如本来是吃膨化食品，现在是用吃水果来代替。

第二条规则：保留原来的"触机"和"奖励"，但调整你的"惯性行为"。比如，喜欢刷手机，因为想要消遣时间，现在可以尝试在想要玩手机的时候问自己一个问题：刷手机真的可以帮助我很好的消遣时间吗？

第三条规则：真正的习惯改变，不能缺少信念。在遇到比一般情况更大的困难和挑战时，坏习惯可能一夜之间卷土重来。但别认为自己已经输掉这场仗而自怨自艾。我们还是有办法的，那就是获取信念。可能需要一个团体的支持、可能需要信仰的帮助、可能自己闭门沉思。

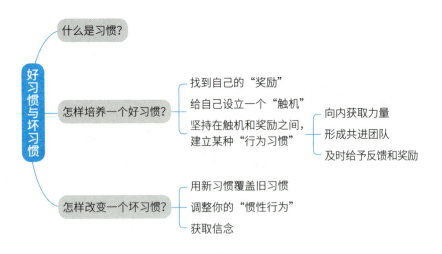

▲ 五色时间管理法思维导图 18：好习惯与坏习惯

（二）养成五色微习惯

前面我们认识了一下习惯，也介绍了好习惯和坏习惯，还分享了建立早起好习惯和改掉不读书的坏习惯的实战案例和实用锦囊。那么如果你有太多好习惯想建立，太多坏习惯要改掉，应该从哪里开始呢？答案是从"五色微习惯"开始。

"五色微习惯"作为核心习惯，并不需要跟你的直接目标相关，但却能触发一系列连锁反应，从而导致自己整体的改变。找出一件事好好坚持，不停地通过"小胜"获得信心，比列出一大堆要改变的却无从着手的事效果要也好很多。

1. 什么是五色微习惯？

《坚持，一种可以养成的习惯》这本书将习惯分为：行为习惯、身体习惯和思考习惯。

其中行为习惯是指每天规律的行为，比如阅读、写作、记账之类，只需要一个月形成，行为习惯是三种习惯中最好培养的，身体习惯和思考习惯需要在行为习惯的基础上增加各阶段所需的时间。

五色微习惯主要是指在蓝色学习、红色事业、绿色生活、白色意义和黄色爱五个方面可以轻松实现，每天坚持的微小习惯。比如说每天看 1 页书的蓝色习惯，每天认真工作一个番茄钟的红色习惯，每天运动 1 分钟的绿色习惯，每天写 1 行日记的白色习惯和每天说一声谢谢的黄色习惯。

2. 为什么要坚持五色微习惯？

我们总是容易高估短期行为的效果，而低估长期行为的作用。一个人能够在各种打击下依然坚持不懈的能力，比打鸡血的战斗力更能让这个人进步成长。

人的性格基本上是由习惯组成的。习惯对我们的生活有很大的影响，因为它是一贯的。在不知不觉中，经年累月地影响着我们的性格，左右着我们的成败。

每个人的核心习惯是不同的，需要自己去观察和发现，不过大多数人的关键习惯可能有早起、运动、阅读和写日记等。这些也是我的五色微习惯，坚持这些有色彩、又微小的习惯可以帮助自己去养成各种习惯。习惯的养成有一定的难度，微习惯相对来说就轻松得很难失败，一定要足够小，小到你在最开始会有些怀疑。

3. 如何将五色微习惯应用到实际生活中?

蓝色习惯:持续学习。学习让我们保持年轻,梦想让我们充满活力。运用大脑的时候,我们会变得更开心和满足。有朋友跟我说:学习是人类 DNA 的需求。这句话给我印象很深刻。

学习的途径有不同,学习的内容也会有差异,但学习这件事情始终不变。持续学习,持续提升。而关于学习,我个人认为最受益、坚持得最好的习惯是读书。我看一本本的书,很多人会问我为什么能读那么多书,其实就跟吃饭一样,一口口吃。我花足够多的时间在读书上。

除了读书,还有很多的途径可以学习,比如说听课,听讲座,回学校深造,接受培训等。

红色习惯:深度工作。当你全身心投入自己热爱的工作的时候,你就会处于快乐的状态。当我们处于这种状态,你就不大会关心别人对你怎么看,不大会被不大重要的事情干扰。结果呢?更幸福,当然啦!

深度工作是全然沉浸的状态。它能够让你效率更高,专注于一事。当你做重要的事情的时候,你不妨将网络关一下,或者关掉各种推送,去享受沉浸其中带来的快感。

我自己的习惯是用 30 分钟沙漏,我会在 30 分钟的时间内全力以赴。然后在一个个的 30 分钟的累加上，完成重要的工作。

绿色习惯：照顾自己。一个健康的身体是幸福的关键。如果你身体不好，你无论如何努力，都很难快乐。确信自己吃得好，有节制，做锻炼，抽出时间休息。好好照顾你的身体、大脑和精神。

有位朋友是一个瘦身达人，分享了一个健康饮食的单子，把食物分类，早上吃碳水化合物，比如米面等；中午吃蛋白质，比如肉等；晚上吃蔬菜。照顾好自己，照顾好自己的身体，照顾好自己的心，照顾好自己的灵魂。

身体健康可以增强免疫力，我自己的习惯是坚持运动，平均每天都会保证半小时左右的专门运动时间。

白色习惯：活在当下。你感到沮丧，是因为你活在过去。你感到担忧和焦虑，是因为你活在未来。但是当你感到满足、开心和平和时，你才是活在当下。

过去已过去，未来还未来。我们真正拥有的就是现在。眼前的人和事，就是最重要的。

我自己的习惯是写日记，写日记就是你将自己打开来给自己审阅。

黄色习惯：无条件的爱。没有人是完美的，接受你自己所有的不完美，也要这样对待别人。无条件的爱一个人并不意味着你要花所有的时间和他们在一起，或者帮助他们解决问题。

无条件的爱意味着接受真实的他们，以他们的步伐让他们自己摸索。只是爱就好了，不带任何条件。因为爱本身就让人收获。一切通往彼此，我们成为自己。

我自己的习惯是分享，将自己具有的生命力，分享给我爱的人。习惯的引力就如同自然界所有的力量一般，可能危害我们，也可以为我们所用，关键看我们如何运用。

我目前每天的五色习惯如下：

早睡早起。一般十点之前睡着，五点起床，保证平均 7 小时睡眠；

每天读书。早上会读书，晚上会读书，碎片时间会看书或听书；

每日三事。一般会在起床第一时间做，写下每天的三件重要事；

每天写作。每天会有半小时左右的时候来写文章和心得体会；

每天运动。以跑步和室内健身为主，尽量不坐车，少坐电梯；

阅读推广。每天进行好书的阅读推广，让更多人得阅读之悦；

学习强国。每天学习要闻，并有针对性地选择性学习和汲取；

五色饮食。我会根据当天的主色调，有意识地去吃更多的色彩；

每天日记。五色日记，每天会有半小时是日记时间。

而这些已经养成的习惯都源于一个个五色微习惯：

五点起床，源于阶段性地比上一个周期早起 10 分钟。

每天读书，源于每天早上读 1 页书。

每日三事，源于每天花 1 分钟时间。

每天写作，源于每天坚持 1 个微头条。

每天运动，源于每天坚持跑 1 公里。

阅读推广，源于每天 1 个朋友圈。

学习强国，源于每天记得登录 1 次。

五色饮食，源于每天喝一杯五色茶。

每天日记，源于每天坚持写 1 句话。

五色微习惯拥有非常强大的神奇力量，过去的习惯决定今天的自己，人与人之间并没有差异，只有习惯上的差异。今天养成五色微习惯，明天开始人生就会发生意想不到的巨大变化。用五色时间管理法，做五彩人生的主人，现在就行动吧！

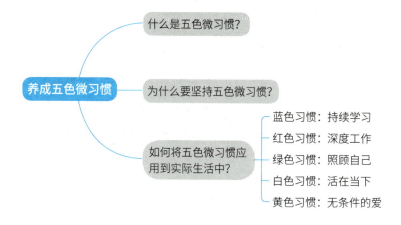

▲ 五色时间管理法思维导图 19：养成五色微习惯

（三）用自律打败拖延

一个个小小的胜利能累积更大的成功。拖延是梦想的大敌。战胜拖延行之有效的策略有：将目标显性化，随时提醒自己；将大项目分解为可执行的小块；坚持用某种方式做好想法笔记。

2022 年，新年目标就是要努力完成 2021 年未完成的 2020 年就已经制定了的 2019 年信誓旦旦要完成的 2018 年制定的目标！立目标总是很容易，但完成起来却太难。寒冷的冬天，温暖的被窝，到底要不要起床打开电脑开始工作呢？

你和拖延症是如何的相处模式呢？

一项工作，如果给你一个月时间，你就得用一个月完成；给你两个月，你就会用两个月完成；给你半年，你就会用半年完成。给你多长时间，你就会用多长时间完成，时间再长，总要等到截止期快临近才急着做！所以要学会给自己截止日期。

1958 年，英国历史学家、政治学家诺斯科特·帕金森（C·Northcote Parkinson）出版了《帕金森定律》（Parkinson's Law）一书。他经过多年调查研究，发现一个人做一件事所耗费的时间差别如此之大：他可以在 10 分钟内看完一份报纸，也可以看半天。

在工作中，每一项工作都会自动膨胀，占满一个人所有可用的时间。如果我们的时间比较充裕，我们可能会放慢工作节奏，或者增加一些细枝末节的东西，来把工作完成。在这里，相信你和我都中枪了。

帕金森法则是说：在固定的时间里一项工作会占用所有的时间。要想办事高效，就必须为每件事设定相应的完成期限，保持最积极的状态，充分利用所有时间，事半功倍地完成既定的任务。你可以采用下面的三种方法：

1. 固定日程法

比如每周只工作 35 小时。对于忙的人来说是设置了界限，如果你晚上必须准时回家，那么你自然可以在下班之前把该做的所有工作都做完，而不会觉得工作无止境。

2. 学会列清单

不要让其他人来安排你的日程，而是自己来掌控和安排自己的时间。要有全局的了解，但也要按照自己的原则来筛选。清单又要按照五色来分配，做到平衡有序。

3. 学会深度工作

要强调工作效能，而不是只看工作时间。严格缩减浮浅工作，在解放自己时间的同时，保证创造的新价值不会减少。实际上，减少浮浅工作为实现深度工作节省了精力，使产出比更高。

在心理学范畴内，我们讨论的拖延，指的是人们那些主动选择的、不理性的、长期的拖延行为，即人们明知道可能会得到负面结果，却仍然选择拖延的行动。这也是人们俗称的"拖延症"。

拖延从根本上来说并不是一个时间管理方面的问题，而是一个复杂的心理问题。根本上说，拖延的问题是一个人跟自己如何相处的问题，是由心理根源、生物因素和人生经验这三者交织在一起而形成的。一般来说拖延有四种情况：

第一，对成功信心不足。人们会因为害怕失败或害怕承认自己的弱点而选择拖延。

第二，讨厌被人委派任务。在学校，对于老师说的，你总是感觉不耐烦；在公司，不喜欢的上级给安排的任何事情，你都天然有抵触情绪。

第三，注意力分散。你终于要坐下来好好写方案了，三分钟不到你打开了微信，五分钟后你开始刷起了微博。

第四，要求完美。每一次都会发现上一次的不足，总是要修改，总是希望一步到位。

那么要如何克服拖延呢？我们不妨对照着原因来：

首先，要确立一个可操作的目标，参考前面说的SMART原则，不要异想天开，可以从小事做起。不要过于理想化，而要选择一个能接受的程度最低的目标。不是"我绝不再拖延"，而是"我会每天花上班路上的时间来听5分钟书"。

其次，从心理上进行调整，任何事情都有两面，将不得不这样的心态转变为我需要，我想要。去思考这个事情的好处和意义，给自己做事的动力，给自己前进的源泉。

然后，只管行动！不要想一下子做完整件事情，每次只要迈出一小步。记住，千里之行，始于足下。不是"我一坐下来就要把事情做完"，而是"我可以采取的第一个行动是什么"。

最后，无需完美，不是只有完美了才有价值。记住，你不是完美的，因为你是一个人，而这和你的那么多优点并不矛盾。如果你愿意，可以更接近完美一些，这就足够了。不是"我怎么没有做到最好"，而是"我比自己上一次做得更好了，比如，今天写的文章"。

在这里还想介绍一下PDCA法，帮助你让计划如期完成：

PDCA，是指的计划（Plan）、执行（Do）、核查（Check）、改善（Act），检查自己的工作方法，可以发现一些做事的盲点，进而做出优化和改善。

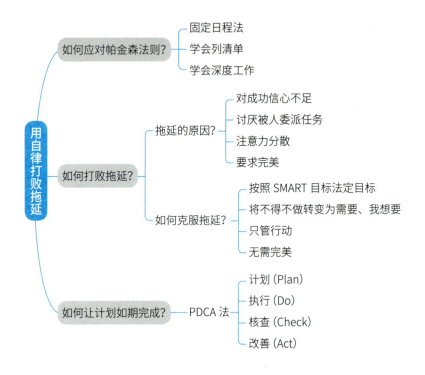

▲ 五色时间管理法思维导图20：用自律打败拖延

第一步是计划（Plan）。计划的时候你可以在蓝色学习、红色事业、绿色生活、白色意义和黄色爱这五个方面尽情地列出自己所有想要实现的目标，然后逐个进行淘汰，最后确定5个最重要的目标。

第二步是执行（Do）。尽力完成上面确定的5个目标，把关注点放在最重要的这几件事情上，并专注做好。"重要但非紧急"的事，才是我们应该要做的。聚焦在五色时间的投资上。

第三步是核查（Check），也可以叫作复盘。基于执行的情况，来看看自己顺利的经验和失败的教训。不管是正面还是反面，都是可以学习到东西的。经常问自己：今天这课我学到了什么。

第四步是改善（Act）。通过上述三步，可以看到计划与实际执行之间的差距，从而提出改善方案以及下一次的行动指南。

在持续的循环中，不断地认识更好的自己，活出更五色的人生！

（四）五色时间管理法实战

实战一：如何实现无痛苦早起？

冬天的时候，早起变得很难。虽然大家都知道一生之计在于勤，一日之计在于晨，早起好处很多。比如，有更多的时间能为工作创造价值，没有赶时间的压力，而且早上思考和工作效率也比较高。很多成功人士和公司高管都有早起的习惯，据报道，巴菲特每天 6 点 45 起床，李嘉诚每天 6 点起床，王健林每天 4 点起床。

你可能觉得那些人都离你太远，那我讲讲自己的经历。自从养成早起的习惯后，能做的事情特别多：一年能读200多本书，见100多个朋友，运营多个自媒体平台、社群，写作专栏和更新微信公众号，年运动时间超过1万分钟，工作上卓有成效。

如果我们想让自己在职场表现得更加高效和从容，那么早起，可以说是门槛最低而且最有效的方式。不过对大多数人来说，早起确实是一个艰难的挑战。要实现无痛苦早起，从向内获取力量的角度，我总结了3个行之有效的方法：

1. 明确动机

美国知名时间管理顾问克里斯·温菲尔德说："当你确切地明白自己想要早起的原因后，它将成为你的动力，会在内心深处鼓励你起床从而达成目标"。是想起来锻炼身体让身体更健康，还是想在早上空出一段不被打扰的时间做自己想做的事，比如写作、冥想、阅读等，这些都可以。你得问清楚自己。

我会在前一天设定一些要在第二天早起后做的事儿，比如，做家务；喝五色茶；读书；练字；写晨间日记；运动半小时；写文章。明确了早起后的任务，可以让自己更容易早起，因为起床后是有事情做的。早起是因为美好的一天开始了。

2. 巧用闹钟

在形成新的生物钟之前，我们需要借助工具，闹钟就是最有效的工具之一。很多人在听到闹钟声后，会按下"稍后提醒"，接着倒头又睡。但事实上，这种反复睡回笼觉的做法，反而会破坏睡眠循环，影响睡眠品质，让我们越睡越累。所以，你可以把闹钟或手机放在离床远一点的地方，或者将闹钟铃声开得巨大无比，让你非得马上起床把它关掉才行。

那么，闹钟设置在几点钟合适呢？答案是循序渐进，以10分钟为单位，将入睡和起床时间慢慢往前挪，这样比较容易形成规律的作息，逐渐养成新的生物钟。我现在已经是把闹钟叫醒的状态了。

至于闹钟的声响，人的大脑很容易适应而后忽略熟悉的东西，所以一旦你的闹钟不再起作用，你要做的不是多设几个闹钟，而是要更改闹钟的声响，比如从响铃编程音乐中选择，或者调换不同的音乐。

3. 唤醒身体

离开床之后，要通过一系列行动让身体彻底清醒，让自己不再想回到床上去，否则迷迷糊糊，很可能又躺回床上，功亏一篑。尤其是冬天。夏天相对来说早起会更容易，因为天亮得很早，自然光对身体的唤醒很有利。

快速唤醒身体有一个很简单但实用的方法，你可以在闹钟或设了闹铃的手机旁边放一杯白开水，关掉闹钟之后喝一杯温水，喝水对于唤醒沉睡的身体很有帮助。而在一天中，人在起床前 3 个小时的体温是最低的，起床后体温会渐渐升高，所以起床喝完水后，可以适当地活动身体，做几分钟的运动，也可以打扫打扫卫生，促进肌体的循环，让自己的身体活络起来。还有一个办法是，可以在按掉闹铃后，尽快安排时间刷牙洗脸，从而让自己彻底清醒。

只要你明确了早起的动机，给自己制定了任务，然后循序渐进地把起床时间提早，结合闹钟的有效使用，再搭配喝水和身体的活动，你会感觉到，早起并没有那么难！

如果你还能加入一个早起的社群，或者就是一个简单的早起互督小组，甚至就是一个朋友或者自己发朋友圈打个气，那效果就会更上一层，也就是上面提到的外部加入一个团体，借助社群的力量来促使自己更好地执行这一行动。

如果你还能给自己足够有诱惑力的奖励作为报酬，那么早起的习惯就会更容易养成。比如说 1 个月成功早起 25 天就让自己去自己想去的地方痛痛快快地玩一天。

早起离不开早睡，现在很多人都很晚了才会睡觉，那么如何保证早睡早起呢？希望本书 77 页的五色时间管理法锦囊对你有帮助。

实战二：如何养成阅读的好习惯？

很多人都想养成阅读的好习惯，但是他们都存在着一个问题：每年计划要读什么书？然后到了年底喟叹今年又没有读什么书。我自己之所以在 2021 年的 7 月定了一个微目标：每天读 5 分钟书，是因为我发现自己用忙碌作为借口，开始不读书了。我发现养成读书的习惯很不容易，但要养成不读书的习惯是特别容易的，并且很快就会适应。

只有坚持每天阅读才有可能养成阅读的习惯。让阅读成为无意识的、自发的，成为生活的一部分，事情就会简单得多。我在想要改掉不读书这个习惯上，也遵循了上面的三条原则，以碎片时间的使用为例：

1. 我知道自己手机的碎片化程度比较高，主要体现在路上的时候就在手机上闲逛，时间不知不觉间过去了，所以我每天都会准备好电子图书，在自己有碎片时间的时候就将读书作为一个备选项，可以听可以看，根据不同场景来定；

2. 我下载了一个屏幕使用时间，每一次我想要乱用手机时，就会看一下自己的手机使用时长和碎片化程度，这让我保留了正确使用手机的理性；

3.根源上还是我认为读书这个事情很好，让我受益很多，我希望可以多读书，读好书，享受好书带来的愉悦。

7月每天5分钟读书的微习惯养成，让我重新形成了规律读书的习惯，再次跟上了整体的节奏。

实战三：如何通过读书让精神力量越来越强？

杨绛先生曾说："你的问题主要在于读书不多而想得太多。"巴菲特的导师和人生合伙人查理·芒格曾说："我这辈子遇到的聪明人，没有不每天阅读的 —— 没有，一个都没有。"读书如此重要，我们如何通过读书改变自己呢？

1. 为什么要读书？

《深阅读》这本书里提到了一个观点：通过阅读优秀的作品，丰富精神，深化思想，升华精神，那么，一个人的精神力量就能变强。具体包括三大意义：获得信息、消遣、丰富精神。

为求新知。我将其纳入蓝色图书和红色图书。也就是让自己拓展视野，解决实际的工作和生活上的问题。

为得消遣。我将其纳入绿色图书和黄色图书。也就是让自己享受读书的乐趣，与现实世界并不强相关。

为砺精神。我将其纳入白色图书。也就是让自己过得清楚、明白，有助于自己计划、复盘和多视角思维。

2. 如何选择图书？

读书最大的成本是阅读图书的时间，在选定读的对象之前，其实很重要的是选哪本书来读。因为有很多书可以供你读，每天也有很多的新书上市。三个方法供你参考。

多在书店或图书 APP 上逛逛。相较于网上书店，去实体书店买书当然更好。因为只要自己多走走就能看到许多自己可能感兴趣的书。而且自己还能把拿起来翻一翻，确认里面的内容，而不是仅仅依赖书名或书评。

如果不能去书店，那么去数字阅读的 APP 上，也可以很方便地看到新书、畅销书和类别书单。我自己比较常用的有微信读书、网易蜗牛阅读。微信读书只要一直读，就会一直送无限卡；蜗牛阅读每天可以领取免费阅读时长。当然，除了这种偶遇法，你还可以找你身边特别熟悉的爱读书的朋友，为你推荐。

顺藤摸瓜寻找"下一本书"。如果遇到自己感兴趣的书，可以尝试读完全系列的书，可以是丛书也可以是作者的其他作品。我们每读完一本，会由衷地产生一种成就感，因此也就会更喜欢阅读。

在书店，同系列的书往往是排放在一起；若是网购，我们可以看到"经常购买的商品""购买此商品的顾客也同时购买"等相关介绍；你还可以看这本书是否在某个丛书里面或者电子书平台里的某一个套装书／专题里面。这样做的好处是能让我们针对某一主题做到深入具体的了解。这些书相互关联，互成体系，将形成一个结实而又庞大的知识网。到那时，将有助于我们形成自己的思维坐标。

充分利用"书评"和"书单"。公众号、APP等多个地方，其实都有不少的长短不一的"书评"。因为它们是专门研究图书的，所以这些"必读榜单"还是有很大的参考价值。京东、当当、亚马逊、知乎、微博等平台也常常会为用户推荐一些必读书目，并附有相应的推荐语。一些大V也常写一些"读书感悟"，虽然有带货之嫌，但我们可以透过这些文字，判断其书是否值得我们阅读。

3. 如何养成持续读书的习惯？

《深阅读》这本书里提到了五个方法：建议"自问自思"；光用眼睛看字不叫读书；光有书架不能变聪明；"一天一本"；"输出"，使书成为自身血肉。我用自己的亲身体会分享其中三个：

要充分运用感官来读书。除了眼睛看字外，我喜欢用耳朵来听，用嘴巴来读，用纸笔摘抄。因为多感汇聚，精神自然而然就会集中，并且可以从多个角度去感受书的魅力。

一天一本法。我现在对自己的要求是每天要读一本书，可以是读一本新书，也可以是重新温习一本书。不同的是读书的速度是不同的，有的书 1 个小时不到就能读完，有的书 10 个多小时才能读完，有的书数月才能读完。平均下来是 1 天 1 本左右。我会专门设置读书的时间，也会随时随地读书。

"输出"倒逼"输入"。说到读书，大家标准不一。以前我说自己读多少本书的时候，很多人都会先质疑，为了避免无谓的解释，我现在不会说自己一年读多少本书。我对于自己是否读过一本书，衡量标准之一是：是否能用自己的话将书的内容 / 精华讲给别人听。而形式就是尽量每天做到输出一篇书评，有的时候也许是讲一个点。

实战四：如何养成写日记的习惯？

有效提高自己认知的方法之一是写日记。知道自己走向何方，以及更清楚认识自己的最好方法也是写日记。你能回头看自己曾经写过些什么，以及日记中出现的主题 —— 其中有你的恐惧、你的弱点以及到底你想做什么。

如何有效写日记，可以参考五色时间元的日记格式，我称为"每日五问日记法"：我今天读了什么书？我今天做成了什么事？我今天得到了什么快乐？我今天有什么思考？我今天为爱的人做了什么事？有了固定格式，写日记的习惯更容易坚持。

除了日记，你还可以每周、每月都深入思考一下有什么收获，有什么不足，然后改进。尽可能少做，只做最重要的，把时间花在值得的人和事上。人生即逆旅，你我皆过客。

做任何一件事，一定要明确其意义。日记的功能有很多：记录所思所想，记录所看所享，记录所得所失。日记是一个守口如瓶的好朋友，无论是哪种情绪，你都可以将日记作为一个朋友分享给它，并且不会担心丢脸。

我在小时候写的日记是作业，上大学之后写日记主要是记录好玩的事儿，有意义的事儿，写得断断续续。直到2012年6月24日，我正式决定每天不间断地写日记，到现在已经有10年多的时间，写日记带给了我很多的好处，其中之一是我可以知道去年、前年、大前年、大大前年等的这一天我做了什么，跟谁在一起，想了什么。那么，我是如何养成写日记的习惯的呢？

1. 明确写日记的动机

在第一篇日记里我很明确地写了记日记的动机：时间过得很快，而且稍纵即逝，我想要记录一下自己的生活；在记录的基础上进行复盘，并保持不断地进步，成为更好的自己；即便抛开记录日记这个事，坚持本身也是一种磨砺。

2. 选方法，参考柳比歇夫的时间开销日记

每天的记录：日期 + 3-5 件事件 + 花费时间。然后每月做月度总结，年底做年度总结。一开始我对自己的要求是一行就行，极端的情况下 1 个字也可以，比如说：乐。

时间开销日记的本质是针对过程的"事件 - 时间的日志"，柳比歇夫区分了毛时间和纯时间，所谓的毛时间，指的是花在某项工作上的时间；纯时间是在这项工作上全神贯注、进入状态所用的时间。我将其分为五色时间和潜能色时间，所谓五色时间，指让我心满意足的时间；潜能色时间，指让我希望优化转变为五色时间的时间。

2015 年我尝试将纯时间划到学习、事业、生活、意义和爱这五个方面，并赋予了五个方面不同的颜色。我会先做计划，然后做记录，再进行对比。将每天尽可能多地投资到这五个方面，在均衡发展中得到一种对时间的把控和从容。

3. 在记录完成之后给予奖励

在前面的三年时间里，我一直在给日记编号，以激励自己不要间断，坚持写下去，偶尔会有当天没有写完全日记的情况，第二天也会马上补上。后来到 1000 多篇的时候，我不再给日记编号，那个时候已经养成习惯了。最持久的激励还是长期记录带给自己的愉悦与满足。在明确了动机，找到了正确的合适的方法并行动之后，不断地激励自己，享受这个行为带来的益处，自然而然地就养成了写日记的习惯。

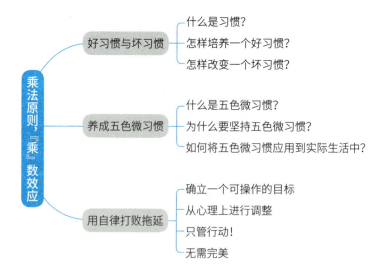

▲ 五色时间管理法思维导图 21：乘法原则，"乘"数效应

4 除法原则：高度专注，排"除"干扰

想要做有难度的事情，你必须高度专注，不能有任何干扰。干扰来自内外两个方面，那么这一部分我们来看看除法原则，面对无处不在的干扰，依然可以高度专注。只需要做到精力管理、学会番茄工作法，创造心流。

（一）精力管理

Facebook 创始人扎克伯格是个典型的工作狂和效率狂。疯狂到什么程度？连续几天不睡觉是常事，还亲自做了一份效率法则，提升自己和员工的工作效率。扎克伯格有着超凡的精力，不仅工作狂热，还大量学习，并且早上运动，另外他还每年完成一个小目标。同样是工作强度大，休息时间少，他每天精神饱满，很多人却萎靡不振。这也让人怀疑，

精力充沛是不是一种天赋？

研究表明，的确有人天赋异禀，世界上存在一种罕见的 DEC2 基因，它使人需要的睡眠时间少，还能依然保持精力充沛，但其实仅 5% 的人拥有这种基因。对大多数普通人来说，想要一直保持良好的精神状态，就需要我们能够管理好有限的精力。那么我们要如何更好地管理自己的精力呢？有三条很简单但实用的方法。

1. 高质量的睡眠

村上春树说过："睡眠，对人来说，那既是肉体的休息也是精神的休息。"BBC 纪录片《睡眠十律》中，总结了十二种方式，促进睡眠。比如，睡前少玩电子产品，关闭手机，洗个热水澡，听听音乐……你也可以参考华佗睡眠四律（睡眠一定要早起、午时宜小睡或静坐养神、晚上 11 点前要睡觉、睡时宜一切不思）。规律且优质的睡眠，是恢复和保持精力的利器。白天也可以利用碎片时间见缝插针地休息。公交上、地铁里、午休时，打盹或闭目养神，即使几分钟也能让你精神焕发。

2. 一定量的运动

很多人一提起运动，就会想到好累，实际上它同样是一种很好的休息方式。运动的方式有很多种，你可以多尝试，并选择自己喜欢的方式。比跑步效率更高的方式，还有跳绳。跳绳 5 分钟，相当于慢跑半小时。我从 15 年开始跑步，从 1 公里选手变成了每年跑步超过 1000 公里的选手，最近有尝试培养每天跳绳的习惯，感觉还不错。

3. 将精力集中用在主要事情上

在工作和生活中，同时处理几件事，看似忙碌充实，实则效率很低；在某一个时间段内专注做一件事，不仅高效，还能带来享受和满足。芝加哥大学历史系博士后夏洛特·沃克，每天早上 6 点—9 点的时段，什么事情都不做，专注攻读西非宗教政治的历史著作。她说："虽然我每天都有工作，但是在早晨的时候，我有的却是一份事业。"你把精力放在哪儿，决定了你的成长在哪儿。无论是谁，只要像锤子一样，全部力量集中在一个目标，就一定能成功。

"互联网 +"时代，人们不停地忙着和时间赛跑，却忘记了我们精力有限，需要休息、恢复和再生。不论最终能否获得巨大成功、做出了不起的大事，都必须保持精力饱满。不然，如何扛住世事艰难？

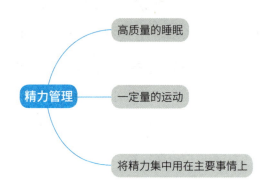

▲ 五色时间管理法思维导图 22：精力管理

（二）番茄工作法

你有没有遇到过这样的情况？正在加班准备一份领导今天就要的文稿，朋友的一个电话打进来了。你不得不开始接听电话，然后时不时地吃两口快冷掉的饭。这时微信或钉钉提示有新的信息进来，你顺手点开，结果是无关信息。看了一会儿，你关掉微信或钉钉页面，挂掉电话，回到领导要的文稿，感觉没法一下回到之前的写作状态。然后，又吃了一口已经没有热气的饭。

人真的可以多任务处理吗？人真的可以三头六臂吗？答案是并不存在多任务处理这回事儿，我们每次只能做一件事。我们所谓的多任务其实是高速切换的单任务，而且人脑的每一次任务切换，时间成本很客观。如果你正在专心做一件事儿，突然被一个信息或电话打断，重新回到之前的专注状态，平均需要花 7—8 分钟时间。

很多人都在研究，到底多大的时间颗粒度、多快的切换速度，是人脑最佳的工作频率。1992 年番茄工作法应时而出，1998 年开始被个人使用，1999 年开始被团队使用。那么如何理解番茄工作法呢？如何让时间成为你的盟友呢？如何用自己的方式更好地实现自己的目标呢？与你分享番茄工作法的五个重要法则。

法则 1：一个番茄时间包括 25 分钟的工作时间和 5 分钟的休息时间。

这里面其实内含了"一张一弛"的概念，既要聚精会神冲刺 25 分钟，也要有休息的 5 分钟。我用的工具很简单，传统沙漏和 FOREST 都用过。5 分钟的休息时间，不建议去看网络信息，而是活动一下，做做伸展运动，去喝口水，看看风景等。

法则 2：一个"番茄钟"不能被打断，也不能被分段，番茄时间不可分割。

这意味着 25 分钟的纯粹工作。一个"番茄钟"不能被分段，即没有所谓的半个番茄时间，最小的时间单位就是一个番茄时间。一个"番茄钟"必须有始有终，如果一个"番茄钟"被打断，那这个"番茄钟"就要作废，一切从头开始，设置一个新的"番茄钟"。

法则 3：每 4 个番茄时间为一组，完成一组后进行 15-30 分钟的大休息。

在大休息的时间里，你可以享用一杯咖啡、接听语音信息、查看邮件等，或者就是简单的休息、四处走走、做做呼吸练习。重要的是，不要做复杂的事情。另外，在休息时间，避免去回想上个番茄时间的内容。

法则 4：如果预测一件事情的时间超过 5—7 个番茄时间，将它分解开来。

这样一来，活动的复杂性降低了，预测的准确性提高了。

法则 5：如果活动预计时间不够一个番茄时间，把类似活动积累起来。

从活动清单里面找到性质相同的任务，将它们累积起来凑够一个番茄时间。比如，给同学发信息问一个事情的进度，给朋友发信息邀请参加某活动，或者给家人发信息问候等。不是只有工作才用番茄法，无手机陪伴家人、读书、运动，都可以用番茄工作法。一次一事，效果棒棒哒。

番茄工作法刷新我观念的是，浪费了多少时间并不重要，重要的是我们完成了多少番茄时间。而五色番茄法秉承了这个理念，浪费了多少时间并不是最重要的，最重要的是你又投资了多少个 30 分钟到蓝色学习、红色工作、绿色生活、白色意义和黄色爱这五个方面。

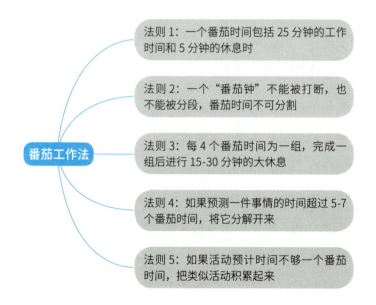

番茄工作法

法则 1：一个番茄时间包括 25 分钟的工作时间和 5 分钟的休息时

法则 2：一个"番茄钟"不能被打断，也不能被分段，番茄时间不可分割

法则 3：每 4 个番茄时间为一组，完成一组后进行 15-30 分钟的大休息

法则 4：如果预测一件事情的时间超过 5-7 个番茄时间，将它分解开来

法则 5：如果活动预计时间不够一个番茄时间，把类似活动积累起来

▲ 五色时间管理法思维导图 23：番茄工作法

（三）创造心流

在《心流》一书里对心流的定义是当你特别专注地做一件目标明确而又有挑战的事情，而你的能力恰好能接住这个挑战时，你可能会进入的一种状态。它的特征是你做这件事的时候会忘记自己，忘记时间的流逝，你能体察到所有相关的信息，不管工作多复杂你都毫不费力，而且有强烈的愉悦感。

1. 我们的时间都去哪了？

我们平日的活动分为生产类、维持类和休闲类三大类。每日生活的总和究竟是一团涂鸦，还是艺术之作，就看我们决定做什么，以及如何去做。那我们一起来看看。

生产类活动。为求得生存以及生活舒适而不得不做的事，即生产类活动，也就是今日所谓的"赚钱"。然而，对仍在求学阶段的人而言，"学习"也包括在生产类活动中，因为他们接受教育相当于成人从事工作，而受过教育才有可能获得工作。

人类大约将 1/4—1/2 以上的精力花在生产类活动上，个人差异可依工作种类、全职或兼职的情况而定。并不是你在办公室的时间就都在工作，很多据说每周工作 40 小时的人，实际上只在工作上花了 30 个小时甚至更少，其余的时间都花在谈话、胡思乱想、做决定以及其他与工作无关的事情上。

维持类活动。如何理解呢？生产类活动可创造新的能源，但要保持身体机能及维护个人财物，还得凭借其他手段。因此，我们每天约有 1/4 的时间消耗在各种维持类活动上。我们通过饮食、休息、整理仪容，来维持身体的正常状态，并借着打扫、烹调、购物及各种家务来维护个人财产。

休闲类活动。扣除必要的生产及维持类活动后，人类剩余的闲暇时间大约占 1/4。根据过去许多思想家的见解，人只有在无所事事的时候，方能了解自己的潜能。希腊哲学家认为，只有在空闲时，人才是真正的人，因为他可以将时间用于学习、艺术、政治等自我开发的活动。利用休闲时光的最佳方式是：学习。是不是万万没想到？

2. 如何理解心流状态？

心流体验多半来自个人能力与机会之间的平衡。假若挑战的难度过高，会令人深感挫折，接着是担心，最后产生焦虑；如果挑战太过容易，你的能力绰绰有余，继轻松之后，你就会感到无趣；若挑战难度低、个人能力也不足，当事人的态度自会趋于淡漠。只有高难度挑战与卓越的能力相互配合，个人的全心投入才可能触发心流，塑造异于平常的体验与感受。

使出浑身气力攀登山峰的登山者、拿出看家本领唱歌的歌手、织出空前繁复图案的纺织工，以及必须更新手法或随机应变以进行手术的外科医生，都最有机会获得心流体验。

在目标明确、能够得到即时反馈，并且挑战与能力相当的情况下，人的注意力会开始凝聚，逐渐进入心无旁骛的状态。

由于心流发生时，人必须投注全副精力，意念因此得以完全协调合一，丝毫容不下无关的念头或情绪，此刻自我意识已消失不见，但感觉却比平日强烈，时间感也有所扭曲，只觉得时光飞逝，瞬间已过数个小时。

一旦整个人的身心都发挥到极致，不论做什么事都会价值百倍，而且生活本身就会变成目的。在身心合一、专注的情况下，生命终将获得极致的发挥。

3. 如何花时间可以创造心流状态呢？

生存就是在行动、感觉及思考过程中体验一切。年复一年，体验的内涵决定我们生活的素质。改善生活品质的方法是：妥善规划生活，从中获得最有助益的体验和感受。具体来说参考五色时间管理法，你会发现把时间花在五色上，能够帮助你更好更快地进入心流状态，有效提升日常生活的品质：

红色时间元 —— 爱上工作。调查表明，成人生活的心流多出现在工作时期，而非闲暇时刻。当人处在高挑战高技巧的状态下，且自觉十分专心，深富创造力，相当满足之时，多半是在工作时间，而非在家中。

只要工作难度与工作者能力能相符，其实工作比我们成天所做的大部分事情都更接近游戏，有明确的目标及实行规则，能得到上司的评价获得回馈，让人全神贯注，也给人不同程度的掌控力。所以，工作体验总比我们预期的要正面。

工作是否有助于个人生活的提升，取决于我们对工作态度是否饱有兴趣和热爱。各行各业的领军人物往往说："我一生每分每秒都在工作，也可以反过来说我从未工作过一天。"

在工作中享受心流，对职业的热爱与奉献，将工作融入生活，并不意味着需成为工作狂，也可兼负其他责任与目标，如家庭。创造性人物大多拥有稳定、情绪回馈性质的婚姻关系，论及一生最感到骄傲的成就，往往提到的是自己的孩子。许多人献身工作，却仍拥有多彩的人生。

绿色时间元 + 蓝色时间元 + 白色时间元 —— 主动性休闲。拥有自由时间也不见得能提升生活品质，除非当事人知道如何有效运用空闲时间，但这份能力绝不是与生俱来的。

这里要区分两种休闲方式：被动式休闲和主动式休闲。

被动式休闲包括看电视、悠闲地读报纸杂志、聊天、发呆、休息等。被动式休闲的习惯既是问题的结果，也可成为一种原因，断绝当事人增进生活品质的其他道路。对于一生奉献给工作的人而言，退休也常导致慢性忧郁症。

主动式休闲包括读书、运动、电影、游戏、写作等有不少挑战的兴趣。主动式休闲有助于个人成长，但过程却不轻松，可人能从其中获得大量"心流体验"。想让闲暇得到最妥善的运用，就得付出工作般的专注与才智。这个世界绝对充满值得人去做的趣事，借以开发自我及环境的潜力。唯有缺乏想象力或精力，才会构成问题。

黄色时间元 —— 良好的人际关系。人际互动对意识的平衡稳定十分重要。若想充分享受人际互动，让心念常保持条理分明，体验完美互动关系带来的心流感受，必须符合两个条件：一是找出自己与别人目标的一致性；二是必须愿意关心别人的目标。

我们来说几种常见的人际关系：

亲情。每个人都有自己的父母，家庭可说是个飞轮，带动一天的情绪起伏。完美的家庭体系十分复杂，一方面要鼓励个性发展，另一方面又要成为有情有义的群体。

友情。友谊应该给双方益处，也不应由外在约束，导致一方受剥削；彼此关系平等，目标互不冲突；彼此带来崭新的情绪及知识的激励；也可一起尝试新事物、新活动、发展出新的态度、想法和价值观。

爱情。好的爱情应该是望向同一个方向。对方应该是你的镜子、你的老师、你的玩伴。可以五色共进，彼此赋能。

能够享受孤寂的能力不易习得，但长远看非常有用。要学会既能在独处时忍受孤独，专注工作学习或冥想；又能拥有与人良好沟通互动的人际关系。许多人采取宁静内省和密集与人互动的交替方式，渡过日常生活。

"具有自得其乐性格的人，不太需要物质财富、娱乐、舒适、权力或名望，因为他所做的事情本身就已经是一种回馈。他们不受外来事物的威逼利诱，显得较自动自发、独立自主，因为全心投入生活，他们对身旁诸事也多多参与。"用五色时间管理法，做五彩人生的主人！祝你毫不费力地创造心流！

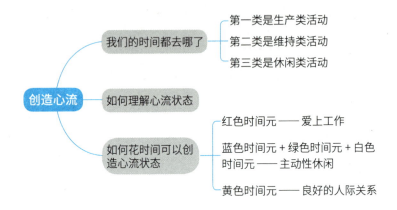

▲ 五色时间管理法思维导图 24：创造心流

（四）五色时间管理法实战

实战一：如何保证高质量的睡眠？

睡得多≠睡得好，高质量的睡眠是让生活效率更高、让精神状态更好的关键。英超曼联御用运动睡眠教练，NBA、奥运会英国代表队、皇马俱乐部指导顾问尼克·利特尔黑尔斯独创了根据人体生物规律的"R90睡眠方案"。这种方案有助于解决睡眠难题，可以帮我们排除外界和内界的一些干扰，遵循身体的规律，睡得更好。

那么究竟什么是R90睡眠法？用好R90睡眠法有什么睡前和起床后的注意事项？我将阅读《睡眠革命》这本书后

的一些认识和实践体会与你分享。

1. 什么是 R90 睡眠法？

R90 睡眠法，不是以时间长度来衡量睡眠，而是以 90 分钟的睡眠周期来衡量。每个人的睡眠分为浅睡、深睡、眼动睡等阶段，每个阶段走一圈下来基本是在 90 分钟左右，在每一个 90 分钟过完时都会趋向于相对清醒。

你可以自行选择入睡时间，但入睡时间是根据你的起床时间倒推的。一般不少于 4–5 个睡眠周期是合理的。你想 6 点起床，如果 4 个睡眠周期，你需要在 12 点睡觉；如果 5 个睡眠周期，你需要在 10 点半睡觉。

以 5 点起床为例，3 点半、2 点、12 点半、11 点、9 点半，这五个时间点是最佳入睡时间，我一般会在 9 点上床，9 点半入睡，如果错过了一个最佳入睡时间，干脆就熬到下一个入睡时间，即 11 点，在这 90 分钟期间我会做一些让自己感觉更舒适的事情，而不是焦虑睡不着，比如看会儿书。

2. 有哪些睡前注意事项？

在睡觉前提前关闭电脑、手机和电视，能减少你暴露在这些设备发出的蓝光之下的时间。对于那些睡前离不开这些设备的人来说，采用夜光模式，能让这些设备的色温变得温暖一些，并减少蓝光量。如果你在睡前回复电子邮件和短消息，有可能让自己暴露在压力环境之中。我采用的方法是提前 1 个小时离开手机，关键是退出微信。

让卧室保持凉爽非常关键。在冬季，你可以在睡前关闭卧室的取暖器或空调，冲一个温水澡，让体温升高一两摄氏度，这样当你钻进更加凉爽的被窝中时，就能更好地适应从白天到夜间的温度变化。快速冲温水澡很有效。这不仅是一个充满仪式感的行动，还具有科学依据。你不妨在离开手机之后，去快速冲澡，告诉自己马上要睡觉了。

让一切井井有条，各得其所。在物理环境方面，床上不要放太多杂七杂八的东西，当然，更不要把手机带上床，不妨翻一本实体书，尤其是大部头的，助眠效果很好；另外，你可以将明天要穿的衣服和要带的东西准备好，这样明天心里就会很有数，充满期待；你还可以在自己冲澡后，对今天做的复盘以文字的方式记录下来，并列出明天要做的最重要的三件事情。

3. 起床注意事项有哪些？

你可以利用双闹钟来叫醒自己。一个是比较近的比较轻柔的，足以唤醒你的闹钟。我在形成自己的生物钟之后，经常都是我把闹钟给"唤醒"。一个是比较远的需要下床去关掉的，很大声的，足以"惊吓"到别人的闹钟，这个会逼迫你提前下床去关掉它。一旦你下床了，你就迈上了成功起床的重要一步。

活动身体是一项极佳的睡眠后例行程序。活动身体并不是你想象的那么剧烈和复杂。爬爬楼梯、散散步、练练瑜伽或者就是拉伸一下都有很好的效果。当然，你还可以步行或骑自行车上班。适当的运动不会耗费精力，而且能有效补充精力。

经过一晚上的休息，我们需要进食。早餐要吃好，如果不吃早餐，将完全无法应付其他事。吃早餐能给我们带来一天的能量，还能让我们在之后的午餐和晚餐时分饥肠辘辘。我们会在合适的时间感到饥饿，而不是在不合适的时间总想着吃零食。尽可能多地摄入各种新鲜事物，避免食用人工培育的，处理过的或添加了化学物质的食品。

我超级充沛的精力与良好的睡眠质量密切相关，经常分享以上方法给身边"渴睡"的朋友。只要坚持每天施行，你的睡眠质量可能将在 7 周内获得飞跃式改善，实现最大限度的身心修复，提高生活效率。

实战二：自制力极差的人如何自救？

工作低效？情感纠葛？减肥总是反弹？控制不住乱花钱？沉溺于社交媒体和在线娱乐？天天熬夜时间也不够用？这一切都与意志力相关！决定一个人能否成功的后天因素中，意志力排在第一位。长期以来，意志力似乎是超凡人物才具有的美德。但世界顶尖的心理学家告诉我们：意志力既不是魔法，也不是空洞的励志口号，而是让人生更美好的科学。

人人都可以修炼意志力。意志力像肌肉一样，经常锻炼就会增强，过度使用就会疲劳。如何把一切都做好的情况下，还有很多意志力呢？

1. 平日训练意志力

训练呼吸。专心呼吸是一种简单有效的冥想技巧。坐着或走路或跑步的时候，去观察自己的呼吸。当发现自己有点走神时，重新将注意力集中到呼吸上。放慢呼吸也可以快速提高意志力。

定期运动。锻炼身体是恢复体能和意志力的方法。我问过很多喜欢运动的人，他们都表示运动是在给自己充电，运动完之后会觉得很舒服。

健康饮食。保证身体有足够的食物供应，这样能给你的大脑更持久的能量。推荐低血糖食品，包括瘦肉蛋白、坚果和豆类、粗纤维谷类和麦片、大多数的水果和蔬菜。

充足睡眠。很多时候我们之所以感觉意志力不够，是因为我们睡太少。我采用了 R90 的方法，按照 90 分钟为一个睡眠周期来休息，一般成人至少需要 4 个睡眠周期。

2. 挑战意志力的五个方法

一次挑战一个，且微小化。想戒烟的人，一门心思放在戒烟上有可能成功，但是如果你又想着戒烟，又要减肥，又要多看书，这么多活动你同时进行需要消耗太多的意志力。意志力是有限的。不妨聚焦一个挑战，并且给自己定一个小目标，不要太大，太大很容易放弃。比如，你想培养阅读的习惯，那就定一个每天看 1 页书的目标。我自己要求自己每天运动 5 分钟，但实际上并不会只运动 5 分钟。

不同的意志力挑战不同的应对。对于想要培养的好习惯，比如运动，要畅想未来实现的成功场景：穿上了自己最喜欢的裙子，并和自己喜欢的人去喜欢的地方拍照留念；对于想要戒除的坏习惯，比如拖延，要通过想象坏习惯带来的后果给未来的自己施压 —— 因为拖延没有完成报告，被老板骂一顿，年终奖也取消等。

创造环境，转移注意力。坏习惯是很难改变的，你要做的是用好习惯去代替，比如一想吃糖就用其他健康的食物去代替他，或者做点其他的事情去转移注意力。也可以隔离掉诱惑，比如清掉身边的糖果，让自己得到它有难度。也许你并不在意你的桌子是否干净，环境会微妙的影响你的大脑和你的行为。一个干净整洁的桌面、房间、环境对提升意志力至关重要。我每天早上起床就会叠被子，让自己不再回到床上去，也会每天打扫卫生。

量化反馈，持续跟踪。想减肥，你就记录每天吃的食物，写饮食日记；想健身，你就每天记录消耗的卡路里；想写作，你就统计每天写的字数。这些都可以帮助你去认识自己，进而让你有成就感，增强意志力肌肉。我会记录自己写文章的篇数。

寻求群体支持。人有很多弱点，但作为社会人，除了要求自己提升，还希望得到更多的社会认可。不妨寻找一个与你目标相同的"群体"加入进去，比如一些早起群、时间管理群等，置身于与你共享承诺与目标的人群当中，你会觉得自己的目标才是社会规范。我有自己的五色时间管理群以及五色习惯打卡群。

3. 强化"意志力肌肉"的三步

对自己保持觉察。当意志力不够的时候，先检查一下是否因为没吃饱（好）、没睡好或者太久没锻炼身体状态不好。出去走一走，吃点东西，喝杯热水就会好很多。我会尽量睡够 7.5 小时，吃素为主，保持每天的运动。

只需要坚持 10 分钟。跟自己说，关键的是行动，并给自己 10 分钟。坚持做 10 分钟，然后就可以放弃，或者，坚持 10 分钟的等待，如果仍然想要，再考虑是否要。你会发现，只要一开始，你就会想继续做下去。这个游戏很好玩。

给自己一个意志力学习对象。当你受到诱惑决定要做与长期利益相悖的事时，请想象你已经实现了最终的目标，然后郑重地问自己："你真的决定要为了眼前的美餐而放弃减肥的目标吗？"如果还是坚持不住，问问自己："如果是他，他会怎么做？"我会用这种如是他来法。

当今世界，诱惑无处不在，人类的意志力时时刻刻在接受考验。一旦找到适合的方法并养成正确的习惯，自控就会更容易一些，人们就只需要较少的心智能量来回避诱惑。

实战三：如何提高专注力？

心流的关键词是专注。那么如何提高专注力？

1. 为什么专注力那么重要？

注意力是我们所拥有的、用来创造美好生活和完成工作任务的最强大的工具，但我们的注意力是有限的。明智地、有目的地利用注意力，能提升我们的专注度和思维清晰度。

《专注力》一书中介绍了两种模式：专注模式和发散模式。一次只专注于一件重要的事情，高度专注能让你成为最有效能的人。而不关注任何特别的东西、让自己的心神随意游荡，跑神会让你更好地贯通各种想法、找到新的想法。

2. 如何进入专注和发散模式？

这些情况下，我们更容易走神：我们感到压力或厌倦；我们在嘈杂的环境中做事；我们要处理和挂念的私事太多；我们怀疑自己是否在做最有效能、最有意义的任务；我们有多余的注意力空间 —— 剩余的注意力空间越多，我们越容易走神。

我将其归纳为三类原因：

我不能专注：内部的原因是我在想其他事情；外部的原因是环境太嘈杂。

我不愿专注：我对这个事情感到厌倦，或者我怀疑这个事情的意义和价值。

我不需专注：这个事情和我的能力并不匹配。

那么如何进入专注模式呢？将其他的杂事列出来，不要占用脑内存，寻找安静的环境。在做事情之前要确定这个事情确实是有意义的、值得花时间的事情，或者给自己一些刺激行为来调动起情绪。有意识地增加任务的复杂程度，或者选择更为复杂的任务，因为这些任务会消耗更多的注意力。你会更加投入地完成任务，降低走神的频率。

你每天有很多机会都可以进入发散模式：

晚上 10 点（可以自行调节）到第二天早上 7 点（如果你已经起床），断开互联网连接；

完成某个任务就是你应该进入发散模式的一个信号；

买一个闹钟，这样你醒来后就不会马上被你的手机分心；

只带记事本，走路去喝咖啡；

把手机留在抽屉里一天，挑战一下自己；

洗一次超长时间的淋浴；

让自己无聊 5 分钟，觉察你脑子里冒出的那些想法；

控制分心物、简化你的环境，以确保自己做某个创造性任务时注意力不会"外溢"；

吃饭时听背景音乐，不要看娱乐节目；

去大自然散步；

参观美术馆；

健身时，不放音乐。

客观地说，发散模式似乎是没有效能的。你在公交车上望着窗外；你不戴耳机在大自然中散步或慢跑；你在候机室里用记事本写东西，而不是不停地翻看手机 —— 虽然你看上去不忙碌，但你的大脑肯定在忙碌。发散模式是大脑最有创造力的模式，同专注模式一样，你值得尽可能地多花时间进入发散模式。

3. 处于注意力专区的 3 个方法

在被信息淹没的数字时代中，人们常常面临这样的困境：要么注意力难以集中，感觉无所事事、烦躁不安，要么注意力过度集中，感觉紧张焦虑、疲劳过度。

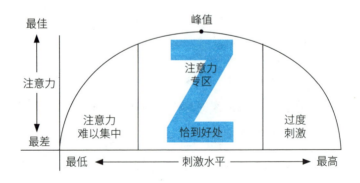

▲《注意力曲线》里的倒 U 形曲线

人们就在如上的倒 U 形注意力曲线上摇摆，难以找到最佳状态。怎样才能恰当地控制自己的注意力，提高学习工作效率？怎样才能使自己摆脱过度疲劳的泥潭，享受工作和生活的平衡？怎样才能让自己拥有注意力这种力量？

当处于注意力专区的时候也就是受到足够和稳定的刺激时，会感觉很好，处在这样的身心放松状态下，会觉得做事很有效率，有足够的力气把事情完成，会认真倾听，保持注意力集中，有效地做事，做出正确的决定，并最终完成你的任务。

那如何处于注意专区之中？控制注意力的两个步骤分别是，首先，停下来并注意到你不在自己的注意力专区；其次，选择一个方法，帮助你处理那个最爱打扰你的人 —— 你自己，让自己恢复和平静下来。以下是处理干扰的小窍门：

第一，分清干扰来自内部还是外部。

你可以拿出一天或者一周客观记录一下自己的工作时间（从走进办公室开始一直到下班这个时间段），然后用五分钟左右回头看看自己的时间使用情况。列出每日工作清单，根据时间统计情况，对照一下自己在每日工作上实际投入的时间情况。记录、对比以及审视，这三步可以帮助你了解干扰的来源。

第二，对于内部的干扰，分类处理。

从内部而言，可以去觉察自己每天都会做哪些容易导致分心的事情，比如，经常刷社交网络，老是查看微信或邮箱等，如果觉察比较难，那就用时间统计法，去列出来时间和事件。有意识地用好习惯去覆盖这些导致分心的坏习惯，比如说使用番茄工作法，训练自己 25 分钟的专注力，比如说给这些行为固定的时长（可以下载一些自动监控手机时间的 APP，苹果手机可以用小容，安卓手机可以用 24PI），甚至可以为这种行为专门安排时间。在非专门时间，不妨试一下断网练习：你可以在设定的时间远离网络，在此期间体会自己与网络的关系 —— 自己是否真的需要网络，什么时候需要网络，需要多久的网络，然后找到线上线下的平衡点。

另外对于专注，可以分两种，一种是主动专注，一种是被动专注，前者是内驱的，后者是外驱的，应对方式也有所不同，内驱的主要畅想做成后的美好，外驱的主要想象没有完成的后果。

第三，对于外部的干扰，主动设限。

如何保护自己的时间呢？你必须学会规划时间、错峰工作、学会拒绝。具体来说就是：

规划时间。 将时间做规划，确定做事的优先级，尽量创造整块的工作时间，并且提前告诉同事除非有紧急的事情，否则不要在这段时间内打扰你。个人就像公司一样，为了获得某个长处，就要容忍某个短处。鱼和熊掌不可得兼，如果你决定了上午要专注投入写文章 2 小时，那就要容忍自己没法在那个时间段回复所有电话和微信。

错峰工作。你不妨早到办公室 1 小时或者到附近的咖啡店等场所避免干扰，或者晚走 1 小时。当然，如果你的生物钟允许，你也可以尝试 4 点或 5 点起床或晚上比较晚睡觉。我个人是早上工作的那一类。比如一般 6 点 20 分，我已经做完计划、运动、吃饭、看书，以及写了自媒体。

学会拒绝。应对不是必须马上去做的事情，我们可以运用告知、协商、计划和答复四步法，比如有同事让你去帮忙取一个东西，你可以告诉他自己正在写一个文件，需要 25 分钟时间，可不可以 25 分钟后去帮忙取，如果可以就将这个事情列入待办清单里，并等完成之后，给同事一个回复。

5 五色时间管理法锦囊妙计

（一）保证提升阅读量的 6 条建议

1. 确定每天阅读的时间

想好哪个时间段对你来说最适合，清晨或者午饭后或者晚上。我给自己定下的时间是早上 5 点，并且尽可能地不去改变。如果你没有定下一个确切的时间，那么你很可能会找借口把阅读推迟到你有更多时间或者更多精力的时候，然后拖到了第二天，然后再拖延几次就完完全全破坏掉了你的习惯。另外就是可以将固定的路上的时间以及等待的时间用于读书或听书。前面的例子就是说的这段时间。

2. 给自己设置一个提醒

我使用的是闹钟和每日计划。当然，还有很多种方式提醒自己，比如说设置手机屏保，或者在钱包里塞一张纸条。当你接收到提醒之后，马上开始做，不要找任何借口拖延。

3. 开始时读量不要过大

关键在于迈出阅读的第一步，让你的身心逐渐适应每天阅读，然后慢慢地养成这个习惯。关键不在于读多少，而在于你真的开始阅读了。你可以先安排 1 分钟，再到 5 分钟，再到 20 分钟，再到 30 分钟，再到 1 个小时甚至更多。

4. 不要拘泥于介质

随着技术的发展，电子书的阅读体验越来越好，有声书也越来越多，人工智能的机读听着也挺顺耳。我自己的经验是不同介质各有优势，且适用于不同类型的图书。实体书适合提升修养的阅读，适合温故而知新，适宜保存；电子书适合求知实用型阅读，对于看后学会了不用再温习的图书比较适宜；有声书适合听格言类的或解读类的。

5. 让阅读变成一个趣事

如果你把一个习惯和痛苦联系在了一起，那么潜意识里你肯定想远离它。如果这个习惯能让你联想到快乐呢？你当然会很乐意去做。可以有针对性地阅读，解决自己的实际所需。可以跟朋友同读图书，并进行交流。还可以在读书会等组织里面分享汇报自己的进度和感想。

6. 一天都不要间断

"我已经连续做了5天了……今天就不做了吧。"很多人会这么说。但是这只会让你的习惯更难养成。坚持，这是关键中的关键。一天都不要间断。如果中断了，就重新来一次。一个比较有效的方法是编号，编号能带给人成就感。

等你开始一个每天读5分钟图书的30天挑战。相信你会比自己预期的要读得更多，读得更好，让自己更满意。

（二）时间管理的 3 大法宝，让你越来越成功

"不能管理时间，便什么都不能管理。"这是现代管理大师彼得·德鲁克的名言。那么有什么切实可行的解决方案呢？时间管理方面有三大法宝：

法宝一：以 SMART 为导向的目标原则

凡事预则立，不预则废。目标原则不单单是有目标，还要让目标符合 SMART 标准，这里 SMART 标准是指：

具体的（Specific）。目标必须是清晰的，可产生行为导向的。比如，目标"我要成为一个优秀的员工"不是一个具体的目标，但目标"我要获得今年的最佳员工奖"就算得上是一个具体的目标了。

可衡量的（Measurable）。目标必须用指标量化表达。比如上面这个"我要获得今年的最佳员工奖"目标，它就对应着许多量化的指标——业务、创新、协作等。

可达到的（Attainable）。"可达到的"有两层意思：一是目标应该在能力范围内；二是目标应该有一定难度。一般人在这点上往往只注意前者，其实后者也相当重要。要让自己保持在学习区。

相关的（Relevant）。"相关的"是指与其他项是相关的，而不是独立存在，比如，对内和自己的生活、兴趣是相关的，对外和公司的整体战略与方向是相关的。

基于时间的（Time-based）。"基于时间"就更容易理解了，它是指目标必须确定完成的日期，不但要确定最终目标的完成时间，还要设立多个小时间段上的"时间里程牌"，以便进行工作进度的监控。

法宝二：关注第二象限的四象限原则

根据重要性和紧迫性两个维度，我们可以将所有的事件分成 4 类，它们分别是：

第一类是"重要且紧迫"的事件，例如：处理危机等；

第二类是"重要但不紧迫"的事件，例如：建立人际关系网络、发展新机会、长期工作规划、有效的休闲和充电学习等；

第三类是"不重要但紧迫"的事件，例如：不速之客、某些电话、会议；

第四类是"不重要且不紧迫"的事件，更直接地来说是"浪费时间"的事件。例如：阅读令人上瘾的无聊小说、收看毫无价值的电视节目、网络上的闲逛等。

第三象限的收缩和第四象限的舍弃是众所周知的时间管理方式，但在第一象限与第二象限的处理上，人们却往往不那么明智——很多人更关注于第一象限的事件，这将会使人长期处于高压的工作状态下，经常忙于收拾残局和处理危机，这很容易使人精疲力竭，长此以往既不利于个人也不利工作。

多数人是属于关注第一象限事件的人。工作质量可能不尽人意。如果转换关注方向，整个感觉也将随之改变。这主要是因为第一象限与第二象限的事情本来就是互通的，第二象限的扩大会使第一象限的事件减少。而且处理时由于时间比较充足，效果都会比较好，人也会变得更有自信。

法宝三：深度工作原则助你吃好"三只青蛙"

"三只青蛙"是一些非常重要、需要持续保持专注才能完成的大事。而这样的事情最怕的其实是干扰，干扰来自于内部和外部，其危害性很大。

有专业的统计数据指出："人们一般每8分钟会受到1次打扰，每小时大约7次，或者说每天50—60次。平均每次打扰大约是5分钟，总共每天大约4个小时，也就是约50%。其中80%（约3个小时）的打扰是没有意义或者极少有价值的。同时人被打扰后重拾原来的思路平均需要3分钟，总共每天大约就是2.5个小时。"根据以上的统计数据，可以发现，每天因打扰而产生的时间损失约为5.5个小时，按8小时工作制算，这占了工作时间的68.7%。

打扰是第一时间大盗，所以专注投入地进行深度工作就变得特别重要。它包括两个方面的内容——一是保持自己的节奏，具体的方法包括：对于无意义的打扰电话要学会礼貌地挂断，要多用打扰性不强的沟通方式，要适当地主动与上司沟通减少来自上司地打扰等；二是要与别人的节奏相协调，具体的方法包括：不要唐突地拜访对方，了解对方的行为习惯等。

（三）做高效能人士的 3 个方法

如今已经进入移动互联网新时代，我们的生活节奏越来越快，让人分心的东西越来越多。手机、电脑、各种广告，你是否有过这样的经历：早上一起床，就想着先刷个朋友圈；眼睛刚盯着文档，其实在琢磨中午该吃什么？快递什么时候到？下班玩儿点什么好；开会，开着开着就想去玩游戏、刷微博、逛知乎。

让有限的精力产生最大的产出，最关键的一项技能是能够心无杂念地把精力用在能产生最大产出的事情上。为了更好地管理时间，提高效率，做高效能人士，分享 3 个提升效率的秘笈。

1. 设定清晰可行的目标

聚焦的第一步，就是要清楚地知道我们的目标、我们的结果是怎么样的。设定目标可以参考 SMART 原则，即让其具体、可测量、可行、有相关性，以及有时间期限。有了目标之后，你不妨用写下来的方式，让目标看得见。我自己会设置大目标，然后再分到年计划、月计划、周计划和日计划。

2. 把碎片信息清理入任务收集篮

你可能有这样的体会，就是有时候我们聚精会神地做一件事的时候，脑子里突然会冒出另外一个事把自己打断了。过一会儿这件事又想不起来，自己会觉得很难受。这个时候，你需要有一个任务收集篮，把这些想法放进去，留到有时间的时候再去处理，不要打断你现在的工作。我自己会随手记录在手机上或者旁边的纸上，并视其预估完成的时间，再安排时间去完成。

3. 把最好的时间留给最重要的事情

我们会对困难或者不熟悉的事情有一种天然的抗拒感。每天锁定一段时间，通过一些仪式感进入冲刺心流的状态，专门用于处理复杂和困难的事儿。每个人的生物钟不同，效率高峰期也不同，你需要仔细观察一下，自己在哪一段时间做事儿是最有效率的，要把这段时间留给重要的事情。我在清晨精力会很足，会早起写文章、看书、运动等，晚上一般会做一些整理工作，社交等。

对于自己感兴趣的事情，人们会有着惊人的专注力，不妨尝试寻求兴趣点，以及利用好上面的三个方法，获得源动力，让自己持续提升专注力。有时候，所谓的专注，不过是带着强烈的目的赢得退缩的自己。

（四）提升记忆力的 5 个方法

5 个可以提高记忆力的简单方法，希望能够帮助你的时间资源分配得更加高效。

1. 饮食要均衡

正如油箱空空就无法发动汽车一样，在没有营养的情况下你也无法运转你的大脑。你肯定也希望大脑在最佳状态下运行。通过每天三餐的均衡饮食，你给了大脑所需要的东西。营养是发挥大脑潜力的基石，是你所能提供的让你的大脑记住东西的最根本的物质条件。

均衡的饮食结构包括复合碳水化合物、水果或蔬菜，以及蛋白质。借助一日三餐的均衡饮食，你可以为你的大脑提供产生神经递质所需要的氨基酸组合，它是你的大脑产生化学反应的基础。神经递质能让你用多种方式去思考和感受生活，比如，对生活感到满意或者形成长时记忆。我自己用的五色饮食，通过色彩的参与来督促自己进食均衡。

2. 睡眠要充足

为了充分发挥出记忆技巧的潜能，你需要冷静而警觉的头脑，其基础就是有充足的睡眠。如果你的睡眠不足，你就不能集中注意力，也无法对你想记住的东西进行编码。注意力是打开记忆大门的钥匙，如果你的注意力不集中，你是打不开这扇大门的。放松身心，睡个好觉吧。要舍得花时间睡觉。我自己平均每天睡 7 个小时。

3. 锻炼身体

你的身体是几百万年进化的结果。为使你的身体正常运转，你需要有规律地运动与锻炼。通过锻炼，你身体的所有器官都会在最佳状态下运行。锻炼将加速血液循环、新陈代谢和营养物质向大脑输送。锻炼也有利于晚上的睡眠，释放白天积累的压力。你所做的这一切都将帮你保持清醒的头脑，记住你所经历的事情。我自己基本保持每天一万步，合计平均每天 1 小时的运动时间。

4. 做心智练习

如果你想提高记忆力，你就必须锻炼你的大脑。懒惰的大脑是不会有出色的记忆的。不管你处于什么年龄段，都应该不断挑战自我。树突分枝会刺激神经元产生更多的连接，这不但会使你的大脑产生反应，你也会保持警觉，而且与世界和谐相处。如果你看电视刷短视频过多，你的心智就会关闭。即使观看教育类节目，对你的头脑来说仍然是一种被动的活动。

如果你把过多的时间用在反复思考日常生活的琐事上，不仅你自己及你身边的人会感到痛苦，你的记忆力也会受损，因为你的心智已经被无关紧要的旁枝末节所占据。

要把心智练习当作保持记忆力并让你变得机智聪明的一种方法，例如，阅读非小说类的书籍（不知道读什么？可以关注微信公众号：小一大书悦读会，每天陪伴你五色阅读）；旅游；参加有启发性的对话和辩论（不知道跟谁对话？可以写知乎问答，也可以来参加五色活动）。

5. 练就注意力

注意力对你的记忆来说很关键。为了记住事情，你需要专心致志。如果不集中注意力，你就无法把短时记忆转变成长时记忆。不管是什么，只要能提高你的注意力，就要努力去做。练习专注于一项活动，而且时间要越来越长。

不要同时做好几件事，也不要从一件事情快速跳转到另一件事情上。要让自己沉浸到感兴趣的某项活动之中，而且要全身心地投入。安排好一些常规活动，以便你有机会关注为了完成任务而采取的每一个步骤。即使这让你放慢了速度，也要把它当成一个重要的练习。这样一来，你不但扩大了注意力的范围，或许你还会发现，你为完成任务而做的工作更加完美，质量也更好。

（五）如何避开"多线程工作"？

避开"多线程工作"，一次只专注于一件事，就可以保持大脑高速运行。

1. 什么是"多线程工作"？

"多线程工作"指的是你可以同时做两件或两件以上的事。然而事实上我们的大脑在某一时刻只允许我们做一件事，我们不得不来回切换。所以，这不是多线程工作，而是快速地任务切换。

"当完成一项小任务时，我们会受到多巴胺的冲击，也就是我们的奖励激素。大脑喜欢多巴胺，于是我们被鼓励不停地在一些能给予自己即时满足感的微小任务之间切换。"

你每回复一封邮件或发送一条短信，体内就会产生一些直接作用于大脑的愉悦中心的激素，非常让人上瘾。

2. "多线程工作"有什么危害？

智商下降。在 2005 年，伦敦大学精神病学研究所的一项研究发现"职员们被邮件和电话分散注意力导致智商下降的幅度是吸食大麻者的两倍"。十几年前，能让我们分心的事情很少。如今，情况变得糟糕了，能使我们分心的事情越来越多。

记忆力降低。2011 年，加利福尼亚大学发表的一篇研究报告展示了"快速地从一项任务切换到另一项任务"是怎样影响我们短期记忆的。多线程工作对年轻人和老年人的短期记忆，都有消极的影响。这种消极的影响会随着你年纪的增长逐渐变得明显。提高记忆力最好的方式就是将记忆力集中于你想要记住的事情。

焦虑增多。多线程工作会使我们大脑增加皮质醇的分泌，皮质醇被称为压力激素。一旦我们有压力，会容易对琐碎的事感到焦虑，又导致更多的皮质醇释放，最后会处在不间断的压力和焦虑的恶性循环中。主要的压力来自邮件、微信、钉钉的即时信息。

3．如何避免"多线程工作"？

承认我们不具备"多线程工作"的能力。如果你试图同时做两件事，而不是先做完一件再做另一件，你最终会以浪费时间而告终。因为当你切换任务的时候，会忘记是从哪里暂停的。你切换的越多，你浪费的时间也就越多。研究表明，在任务之间切换造成了40%的生产力损失。这就像是一周只工作了三天，而不是五天。《哈佛商业评论》有研究者们说男性和女性在"同时做好几件事"这方面没有什么区别，都一样不擅长。多线程工作是一种计算机派生术语。但我们没有处理器，我们是人类。

移除干扰物，保持洁净的外部环境。对外部环境而言，最简单的方法是完全移除干扰物：关掉网络；关机或调成飞行模式；删掉或退出一些应用软件；关闭手机或邮件通知；关闭房门或找到一个安静的环境；只在手头留下一件任务来防止中断。

尝试一下正念冥想，注意你的呼吸。如果你即将开始一项工作，而大脑中还残存着许多杂念时，不妨先闭上眼睛，深呼吸，尝试着与它们和解，告诉自己不要焦虑。很多时候，给自己一些正面的心理暗示，以及通过一些操作——比如，用悠长、缓慢的深呼吸，刺激分泌内啡肽，传达出平静的信号，可以让身体镇静下来，降低自己的焦虑水平。

深呼吸的时候，不妨回想自己以前的优秀表现，想象那些正面的、令人兴奋的场景，提高整个人的信心，提高大脑的活跃程度。每天静坐十五分钟专注呼吸，忽略所有其他的事。专注于一事，有助于你让大脑保持高速运行，把时间真正地投入到你正在做的工作中。

▲ 五色时间管理法思维导图 25：除法原则，排"除"干扰

6 本章小结

在这一章，我们一起高效利用时间，属于第三、四和五级阶梯的归总，概括为：用好"加减乘除法"，天天"25"小时，通过 12 个法则做到知行合一。包括——加法原则：聚焦要事，增"加"效能；减法原则：充分授权，"减"少任务；乘法原则：培养习惯，"乘"数效应；除法原则：高度专注，排"除"干扰。这一章，因为更加具有可操作性，所以实战和锦囊也是最多的。

具体练习：

按照加法原则，制定一个 SMART 目标；用四象限图列一天的待办清单；将重要的事情作为青蛙，用吃掉其中一只青蛙迎接新的一天。

按照减法原则，实践一次花钱买时间；在工作中实践一次委派他人；在生活中实践一次借助外力。

按照乘法原则，养成一个五色微习惯，比如说为期一个月的，每天看 5 分钟书。

按照除法原则，实践 R90 睡眠法，按照睡眠周期定起床闹钟；深度工作，实践 1 个番茄工作时间；进入专注和发散模式。

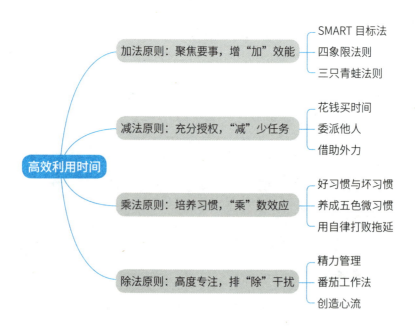

▲ 五色时间管理法思维导图 26：高效利用时间

要幸福，
这样花时间

什么是幸福？《幸福的方法》里定义幸福是"快乐与意义的结合"。如果生活中光是做快乐的事，就会空虚，光做有意义的事，就会变成机器缺少温度。只有做既快乐又有意义的事，人才会感到幸福。人要养成感知幸福的习惯，不期望用现在的辛苦换将来的幸福，也不过度纵欲让现在过得幸福而导致未来不知在哪里。

亚里士多德说：幸福是生命本身的意图和意义，是人类存在的目标和终点。那么怎样才能更幸福？《幸福的方法》的作者认为人生的不幸福分为三种类型：牺牲眼前快乐，只着眼于未来目标的忙碌奔波型；放纵自己、及时行乐的享乐主义；对一切都失望，无所作为的虚无主义。作者在书中给出的幸福魔方密码——"MPS"，即 MEANING（意义）+PLEASURE（快乐）+STRENTHS（优势）。

我们用以下三个关键问题来问自己：什么能带给我意义？什么能带给我快乐？我的优势是什么？要注意顺序。然后看一下答案，找出这其中的交集，这样的工作就是最能使你感到幸福的工作，这样的人生就是最能使你感到幸福的人生。

意义（MEANING），意味着笃定的信仰。它就像寒夜里的北极星，即使穷其一生无法到达，却是你在奔波的旅途走出迷途和困境的唯一指引，让你心甘情愿为其奋斗一生。

快乐（PLEASURE），意味着自我满足。离开"意义"的快乐是短暂的，不可持续的，唯有与"意义"相结合方得长久。

优势（STRENTHS），意味着真我的呼唤。萧伯纳说："生命的喜悦是那种为了源自真我的目标而奋斗的感觉。"懂得品味辛勤劳作的快乐，并在奋斗中激发自己真正的潜力的人才最懂幸福的滋味。

有关"幸福"的研究表明，人的幸福感主要取决于三个因素：遗传基因（50%）、与幸福有关的环境因素（10%），以及能够帮助我们获得幸福的日常行动（40%）。达·芬奇说："幸福的方法，至繁归于至简。"我是一个幸福指数很高的人，有朋友经常问我是如何做到的，所以我从 2014 年开始进行思考和归纳，并总结成了五色时间元的方法。对应到上面分享的几点，阐释如下：

我相信生命是一张白纸，由自己去上色，并且只能由自己去上色。

生命里的每一件事情都需要时间参与，所以基础是五色时间元理论，关键是平衡，终点是幸福，具体又包括五色阅读、五色饮食、五色着装、五色家居、五色即景、五色财务等。

如果把人看作一个能量体，红色代表终生事业，黄色代表爱，红色和黄色都是能量的输出；蓝色代表学习，绿色代表生活，蓝色和绿色都是能量的输入；而白色代表意义，是生命的留白，用于中转。

输入和输出基本平衡的时候，整个人的幸福指数会很高，而每一个人的独特存在，即自己的人格会让自己呈现某种主色彩，另外的颜色是辅助色彩。而不属于五色的时间都属于潜能区域，需要尽可能地转化为五色。

红色时间元用太多的人属于牺牲眼前快乐，只着眼于未来目标的忙碌奔波型，只有成功本身可以为他们带来快乐，他们感觉不到过程的重要性。

绿色时间元用太多的人属于放纵自己、及时行乐的享乐主义，人类最好的时刻，通常是在追求某一目标的过程中，把自身实力发挥得淋漓尽致之时。享乐主义者的生活完全没有挑战，不可能获得幸福。

时间完全用于潜能区域的人属于对一切都失望、无所作为的虚无主义，而且总是从悲观的角度去思考，并且很容易内心充满负能量。

每个人天生都具备求知的热情，会不停地发问，会不断地去发现周围的世界。高效、给予、精进、乐活和思考让生命转变成一段迷人而美好的追求幸福的旅程。在终生事业中（红色时间元）、在用心去爱中（黄色时间元）和乐享生活中（绿色时间元），形成自己的优势（蓝色时间元），完成自己的意义（白色时间元）。

真正的幸福不是绝对没有不良的情绪，而是经得起困难和挫折的考验！幸福的原则不能阻止生活中不良事件的发生，但是能帮助我们积极地应对。无论在何种困难情况下，都允许自己诚恳地体验那些负面情绪，并允许它们有自然的转归变化过程。开放的思想加上有分辨力的头脑和心灵，可以帮助我们完成关于幸福和自我实现的人生复杂拼图，看清所有的脉络和细节。

对于我来说，教育是获得幸福的最好机会，而这是一个自我教育和终生教育的时代，求知和进步让我幸福；有效及高效的劳作让我幸福，这让我觉得自己对社会有贡献，这里的劳作可以是本职工作的，也可以是兼职工作，这个我简称为做事；充足良好的休息、适当的娱乐和感受到的人世间的善意让我感到幸福，我的内心充满珍惜和感激；独立思考让我更明确自己来到世界的意义，它可以带来灵魂的宁静和愉悦，同样也能带来幸福；有能力去爱让我幸福，不管是职场的还是在生活中，没有人是一座孤岛，和谐的人际关系是幸福的关键。

以上五个方面一一对应的是蓝色学习、红色事业、绿色生活、白色意义和黄色爱。五色时间元，让你做能够在自己觉得有意义的生活方式里享受它的点点滴滴的真正快乐的人，每一份色彩都精彩！

追求美好生活是人生永恒的主题，是永远的进行时。人类最好的时刻，通常是在追求某一目标的过程中，把自身实力发挥得淋漓尽致之时。幸福不是急急忙忙爬到山顶，也不是绕开山走，而是攀登一座座人生高峰过程中的种种体验和感受。幸福的终极目标并不是名利财富，而是尊重生命的核心价值，找到自己的真正使命并努力发掘出自己的潜力，全然地投入到生活中去，通往时间自由之路。

用五色时间管理法，做五彩人生的主人！

Note:

Date_____

延伸
阅读

时间管理常见理论一览

时间管理实质上是一种生活方式，这种生活方式的境界是"心如止水"，而要达到这种境界，找到适合的方法很重要。五色时间管理法集时间管理领域的重要理论于一体，并经过了 10 年的实践，总结为如下三个要点：

首先，把时间当作钱，让时间看得见，增加对时间的敏感程度，每个人的一天都是 1440 时间元，将时间尽量多地投资出去，是否为投资的标准只有一个：花这个时间，是否值得。

其次，投资到五色，五色是蓝色、红色、绿色、白色、黄色，这五个颜色对应的分别是：学习、事业、生活、意义和爱。开始发现五色，然后创造五色，最后达到五色平衡。潜能色可以转化为五色。

最后，用好"加减乘除法"，天天"25"小时，"加减乘除"这四个字涵盖了四象限法、GTD 法、番茄工作法等众多方法，概括来说是：要事"加"效，授权"减"事，"乘"数效应，排"除"干扰。

时间管理领域的重要理论

1. 史蒂芬·科维：四象限工作法

把工作按照重要和紧急的不同程度分为四个象限：一象限 —— 重要而且紧急；二象限 —— 重要但不紧急；三象限 —— 不重要但紧急；四象限 —— 不重要而且不紧急。四象限事务的处理方法和原则为：一象限内的立即去做，二象限内的有计划去做，三象限内的交给别人去做，四象限内的尽量避免去做。执行要点：根据自己的价值观评估某件事务的重要程度；根据事务的截止日期判断事务的紧迫程度；将主要精力集中在解决第二象限的事务上，不被第三象限的事情所束缚，尽量避免第四象限的事情。

2. 戴维·艾伦：GTD 理论

必须记录下来要做的事，然后整理安排并一一去执行，有五个核心原则：

收集（记下任何需要跟踪、记住或要做的事情，每周清空一次）；

整理（分类待办事项、可委托人做的事情、未来要做的事情以及不需要处理的事情，一次处理一项）；

组织（不同类别采取不同的应对方法）；

回顾（检查目标和执行的对比，做出修正和调整）；

执行（没有什么比你只拥有一个想法更危险的事情了）。

人生规划的六个高度：

第一，原则（五万英尺）：价值观、原则和目标，是人生的灵魂；

第二，愿景（四万英尺）：3—5 年的工作目标，可以是职位的，也可以是组织能力、协调能力等。结合实际，需要问自己：我的目标是什么；哪些人已经达到了我这个目标；他们是如何达成的？达到这个目标之后我的工作和生活会是怎样的？当我们不断地回顾，要完成这些目标的愿望也就愈加强烈；

第三，目标（三万英尺）：比愿景更细化，一年内有一个阶段性成果；

第四，责任范围（两万英尺）：把工作和生活中的每一个角色扮演好，拉近现实和期望的距离；

第五，任务（一万英尺）：将注意力放在眼前的一个个任务上；

第六，下一步行动（跑道）：谁更关注细节，谁就能获得更大的成功。职业规划清晰的人才能进入快车道，直奔目标。

3. 帕累托：帕累托原则

生活中 80% 的结果几乎源于 20% 的活动，要把时间和注意力放在 20% 的关键事情上。

4. 弗朗西斯科·西里洛：番茄工作法

选择一个待完成的任务，将番茄时间设为 25 分钟，专注于工作，中途不做任何与该任务无关的事，直到番茄时钟响起，然后短暂休息一下（5 分钟即可），每完成 4 个番茄时段加长休息时间。

5. 博恩·崔西：三只青蛙法则

将我们每天（周、月、年）最重要的三件事比喻为"三只青蛙"。如果你每天早晨第一件事就是吃掉一只活青蛙，那么你会欣喜地发现，今天没有什么比这更糟糕的事情了（先解决最具挑战性的任务）；如果你必须吃掉一只活青蛙，就算你一直坐在那里盯着它也无济于事（动手去做）。利用帕累托定律，每天划出 80% 的时间，集中精力，专门对付这三只青蛙（约占 20% 的事），坚持不懈，你的人生就能取得完全不同的成就。

6. 彼得·德鲁克：SMART 原则

为了利于员工更加明确高效地工作，也为管理者对员工实施绩效考核提供了考核目标和考核标准，使考核更加科学化、规范化，保证考核的公正、公开与公平。

所以，目标必须是具体的（Specific），必须是可以衡量的（Measurable），必须是可实现的（Attainable），必须和其他目标具有相关性（Relevant），必须具有明确的截止期限（Time-bound）。

无论是制定团队的工作目标还是员工的绩效目标都必须符合上述五个原则，缺一不可。原则制定的过程也是自身能力不断增长的过程，管理者必须和员工一起在不断制定高绩效目标的过程中共同提高绩效能力。

7. 柳比歇夫：时间统计法

通过记录每个事件花的时间，进行统计和分析，然后做月小结和年终总结，以此来改进工作方法、计划未来事务，从而提高对时间的利用效率。总体来看可以分为三步：第一步，记录数据；第二步，统计分析；第三步，统筹计划。

8. 华罗庚：时间统筹法

一种安排工作进程的数学方法，适用范围极广泛，在企业管理和基本建设中，以及关系复杂的科研项目的组织与管理中，都可以应用。具体来说，主要是把工序安排好。

9. 艾维利：6 点优先工作制

把每天所要做的事情按重要性排序，分别从"1"到"6"标出 6 件最重要的事情。每天一开始，先全力以赴做好标号为"1"的事情，直到它被完成或被完全准备好，然后再全力以赴地做标号为"2"的事，依此类推……如果一个人每天都能全力以赴地完 6 件最重要的事情，那么他一定是一位高效率人士。

10. 詹姆斯·莫法特：莫法特休息法

《圣经·新约》的翻译者詹姆斯·莫法特的书房里有 3 张桌子：第一张摆着他正在翻译的《圣经·新约》译稿；第二张摆着他的一篇论文的原稿；第三张摆着他正在写的一篇侦探小说。莫法特的休息方法是从一张书桌搬到另一张书桌，继续工作。改变工作内容会产生新的优势兴奋灶，原来的兴奋灶则得到抑制，人的脑力和体力可以得到有效的调剂和放松。

11. 黄希庭：时间管理三维度

时间管理由时间价值感、时间监控观和时间效能感构成。时间价值感指个体对时间的功能和价值的稳定态度，包括社会取向和个人取向，通常充满情感；时间监控观是在计划安排、目标设置、时间安排、时间检查等一系列监控活动中所表现出的能力及主观评估；时间效能感是个体对时间管理的信心，是制约时间监控的一个重要因素。

时间管理常用 APP 一览

生命倒计时：增强对时间流逝的感觉，人生没有彩排，每一刻都是现场直播，生命每天都在倒计时，把每一天当作最后一天来过。

屏幕使用时间：自动记录手机屏幕使用情况，可以了解自己在手机使用时间情况，还可以做所用应用的分析。

aTimeLogger：可用于记录时间，追踪一天的时间都去哪了，需自己坚持记录，要手动点开始和结束。

块时间：可用于记录时间，将时间块状化，快速记录时间消耗、进行数据展示与分析，操作简单。

Forest　专注森林：基于番茄工作法设计的计时器，可以帮助你远离手机、保持专注，告别拖延症、拥有自律的美好生活。

时间管理书单一览

第一层次：具备时间管理意识建议读的书

《奇特的一生》《时间投资法》《卓有成效的管理者》《把时间当作朋友（第3版）》《你一年的8760小时》《时间管理秘笈：每天十分钟》《时间管理：如何充分利用你的24小时》

第二层次：主动进行时间规划建议读的书

《搞定 I 》《清单革命》《吃掉那只青蛙》《最重要的事，只有一件》《轻松搞定 ZTD：终极简单的效率系统》《为什么精英都是时间控》《聪明人的无压时间管理手册》

第三层次：学习时间管理的方法建议读的书

《精力管理》《深度工作》《睡眠革命》《全神贯注的方法》《博恩·崔西的时间管理课》《注意力曲线：打败分心与焦虑》《小强升职记（升级版）：时间管理故事书》

第四层次：积极行动起来建议读的书

《终结拖延症》《战胜拖延症》《拖延心理学》《拖延心理学 2：用拖延方程式战胜与生俱来的行为顽症》《一个笔记本搞定你的拖延症》《拖延症患者自救手册》《番茄工作法图解》

第五层次：养成好习惯建议读的书

《心流》《微习惯》《自控力》《掌控习惯》《习惯的力量》《高效能人士的七个习惯》《毅力：如何培养自律的习惯》

五商及精选五色书单

五色时间管理法提倡将时间配置在蓝色学习（Learn）、

红色终生事业（Lifework）、绿色生活（Life）、白色意义（Legend）和黄色爱（Love）这五个方面，对应有助于提升五商：智商（IQ，Intelligence Quotient）、财商（FQ，Financial Quotient）、健商（HQ，Health Quotient）、志商（Will Intelligence Quotient）和情商（EQ，Emotional Quotient），让人生更加幸福。图书是人类进步的阶梯，是智慧的结晶，其实也是进行认知投资、节约时间的好途径。所以，在这样一本五色时间管理的书里，我为你准备了25本精选图书书单，希望对你更好地活出生命的色彩有帮助！

投资蓝色学习（Learn）对应提升智商（IQ，Intelligence Quotient），不仅仅是指你的智力，更指你是否具有理性看待事物的能力，是否掌握了高效学习的技巧，是否能创造性地解决问题，这些往往比单纯的智力更重要。

精选蓝色书单：《好奇心》《学习之道》《绝非天赋》《如何阅读一本书》《刻意练习》

投资红色终生事业（Lifework）对应提升财商（FQ，Financial Quotient），创造并驾驭财富的能力，被称为财商。如果你想实现财富自由，那么你必须要拥有财商。财商要求有两方面的能力，一个是你认识金钱规律的能力，另外一个是你正确应用金钱规律的能力。

精选红色书单:《滚雪球》《小狗钱钱》《穷查理宝典》《富爸爸穷爸爸》《财务自由之路》

投资绿色生活（Life）对应提升健商（HQ，Health Quotient）包括身心的健康，代表一个人具备的身心健康的知识、对身心健康的态度以及保持身心健康的能力。这个物质生活越来越丰富的时代，健康问题却也日益严峻：肥胖熬夜不运动、空虚孤独焦虑……保重好自己就是对社会最大的贡献，保持身心健康无疑是个体最重要的核心竞争力之一。

精选绿色书单:《百岁人生》《精力管理》《睡眠革命：如何让你的睡眠更高效》《情绪急救》《幸福的方法》

投资白色意义（Legend）对应提升志商（Will Intelligence Quotient），指一个人的意志品质水平，包括坚韧性、目的性、果断性、自制力等方面。"志不强者智不达，言不信者行不果""勤能补拙是良训，一分辛劳一分才"。人生是小志小成，大志大成。许多人一生平淡，不是因为没有才干，而是缺乏志向和清晰的发展目标。

精选白色书单:《自控力》《清单革命》《习惯的力量》《奇特的一生》《拖延心理学》

投资黄色爱（Love）对应提升情商（EQ，Emotional

Quotient），情商的重要性毋庸置疑，有这么一种说法，一个人的成功，只有 20% 归诸智商，80% 则取决于情商。有人的地方就有江湖，情商高的人，走到哪里都吃香。

　　精选黄色书单：《情商》《蔡康永的说话之道》《非暴力沟通》《沟通的艺术》《别独自用餐》

Note:

Date_____

图书在版编目（CIP）数据

五色时间管理 / 晓一著 . — 广州：广东人民出版社，
2022.8

ISBN 978-7-218-15603-3

Ⅰ.①五… Ⅱ.①晓… Ⅲ.①时间－管理－青年读物
Ⅳ.① C935-49

中国版本图书馆 CIP 数据核字（2021）第 271026 号

WUSE SHIJIANGUANLI

五色时间管理

晓一 著

出 版 人：肖风华

责任编辑：李力夫

责任技编：吴彦斌　周星奎

装帧设计：**WONDERLAND** Book design
　　　　　仙德 QQ:344581934

出版发行：广东人民出版社

地　　址：广东省广州市越秀区大沙头四马路 10 号（邮政编码：510199）

电　　话：（020）85716809（总编室）

传　　真：（020）85716872

网　　址：http://www.gdpph.com

印　　刷：三河市中晟雅豪印务有限公司

开　　本：880mm×1230mm　1/32

印　　张：7.5　字　　数：130 千

版　　次：2022 年 8 月第 1 版

印　　次：2022 年 8 月第 1 次印刷

定　　价：45.00 元

如发现印装质量问题，影响阅读，请与出版社（020-85716849）联系调换。

售书热线：（020）87716172